La poesía amatoria de la época de los Reyes Católicos

Keith Whinnom

UNIVERSITY OF DURHAM 1981

ISBN 0 907310 02 8

PRINTED FOR DURHAM MODERN LANGUAGES SERIES
BY
TITUS WILSON AND SON LTD.
28 HIGHGATE
KENDAL CUMBRIA

INDICE

PREFACIO

El ensayo que sigue tuvo su origen en un cursillo de conferencias pronunciadas el 2, 3 y 4 de julio de 1980 en el Curso Superior de Lingüística y Literatura Españolas organizado por la Facultad de Filología y el Vicerrectorado de Extensión Universitaria de la Universidad de Santiago de Compostela. (De ahí que se mantenga hasta cierto punto el estilo original.) Conste mi agradecimiento a los amigos de Santiago por la invitación a colaborar en el curso, y muy especialmente a los doctores Luis Iglesias Feijoo y Alfonso Rey por su espléndida hospitalidad.

Los expertos en la materia pronto verán que en el presente librillo he vuelto a repetir datos e ideas ya expuestos en varios trabajos anteriores; lo nuevo aquí son la articulación de estas ideas en un argumento sostenido, la adición de otros testimonios, a veces nuevos, y la ampliación de ciertas proposiciones, sobre todo en las partes en que, por las preguntas de los profesores oyentes o por la crítica posterior de los colegas, me percaté de la necesidad de aclarar mejor lo dicho, de anticipar posibles objeciones o de modificar lo contundente de ciertas afirmaciones.

Tengo que agradecerles su ayuda y su crítica a los profesores José María Aguirre, Alan Deyermond, Brian Dutton, José Luis Gotor y, sobre todo, Ian Macpherson, director de esta colección, que ha hecho todo lo posible para que el tomo salga, si no sin defectos, por lo menos con muchísimos menos de los que tenía originariamente. Me es grato también hacer constar mi deuda con los doctores José María Alberich y Jesús Ruiz Veintemilla por su cuidadosa revisión de la lengua.

No quisiera terminar (los que han escrito algún libro enten-
derán que el prólogo se redacta después que el resto) sin volver
a citar a don Marcelino Menéndez Pelayo, en parte porque le he
criticado tanto que quizás haga falta algún contrapeso, pero
también, y con mayor razón, porque creo sinceramente que son
palabras que todo erudito debería llevar grabadas en el corazón:

> El que sueñe con dar ilimitada permanencia a sus obras y
> guste de las noticias y juicios estereotipados para
> siempre, hará bien en dedicarse a cualquier otro género de
> literatura, y no a éste tan penoso, en que cada día trae
> una rectificación o un nuevo documento; el historiador debe
> resignarse a ser un estudiante perpetuo y a perseguir la
> verdad dondequiera que pueda encontrar resquicio de ella
> ("Advertencias preliminares", *Historia de los heterodoxos*
> *españoles* (1911)).

University of Exeter   Keith Whinnom

I

LA POESÍA AMATORIA CANCIONERIL ANTE LA CRÍTICA

Es injusto, realmente muy injusto, empezar el presente ensayo atacando a Menéndez Pelayo, cuya ingente e inteligente labor de erudito merece todo nuestro respeto. Sin embargo, puesto que no quiero detenerme con aquellos críticos posteriores que no han hecho más que repetir los pareceres del maestro, no encuentro mejor punto de partida que las extensas páginas que don Marcelino, en su *Antología de poetas líricos castellanos*, dedicó a la poesía cancioneril y, en particular, a la poesía amatoria, de la que me quiero ocupar.[1]

A Menéndez Pelayo no le gustaron en absoluto los versos amorosos de la época de los Reyes Católicos, y en todo el capítulo dedicado al gran *Cancionero general*, de Hernando del Castillo, se pueden recoger juicios como los siguientes: "versificadores débiles y amanerados" (126), "triviales e insulsas galanterías" (127), "insípida y artificial galantería" (137), "la mente de sus autores, extraviada por el mal gusto" (142), "tan depravado gusto" (142), "de más interés histórico que poético" (146), "el convencionalismo a que todos ellos rendían parias" (153), "esta poesía artificiosa y amanerada" (158), "ausencia de verdadero pensamiento" (164), "este fárrago de versos, muchas veces medianos" (219), etcétera.

La condena de la poesía amatoria cancioneril menos matizada y más sostenida que llegó a formular don Marcelino se halla en un párrafo lapidario que, para ensalzar la obra italianizante de

Boscán, consagra a los tempranos metros tradicionales del mismo:[2]

> Son coplas fútiles, coplas de *Cancionero*, versos de amor
> sin ningún género de pasión, devaneos tan insulsos que pa-
> recen imaginarios, conceptos sutiles y alambicados, agude-
> zas de sarao palaciego tan pronto dichas como olvidadas,
> burlas y motejos que no sacan sangre: algo, en suma, que
> recrea agradablemente el oído sin dejar ninguna impresión
> en el alma.

Y añade más adelante:

> Estos versos ... lo mismo pueden ser de Boscán que de
> cualquier otro caballero galante y discreto de la corte del
> Rey Católico o de Carlos V.

Pero todo esto no constituye, en modo alguno, una condena
general de toda la poesía de cancionero. A don Marcelino, que
nunca ocultó sus preferencias, le gustaban de la poesía
cancioneril los versos graves y serios: la poesía religiosa,
moral o filosófica; le encantaban los villancicos de tipo
tradicional y los romances viejos (pero nunca los "contrafechos"
de los poetas cortesanos), y cualquier trozo de diálogo le dejaba
poco menos que entusiasmado.[3] No le gustaron nada ni los motes y
letras de invención, ni las preguntas y respuestas, incluso las
adivinanzas; no vio gracia ninguna en las obras de burlas, y los
poemas de tema amoroso, que forman, como señaló él mismo, el
fondo principal de la gran mayoría de los cancioneros, le
parecieron triviales, insípidos, convencionales, artificiales y
fútiles. Estas preferencias, para no decir prejuicios, tuvieron
una consecuencia inmediata y bastante importante, pues en la
antología misma,[4] que facilitó al gran público la lectura de
estas poesías, la selección que hizo de los versos amorosos no
sólo no refleja la preponderancia de la poesía amatoria en los
cancioneros, sino que, lo que tal vez sea peor, los poemas de
tema amoroso que llegó a citar son —luego lo explicaré en más
detalle— más bien atípicos. Y los juicios de bastantes críticos
posteriores no fueron más favorables.

Don Ramón Menéndez Pidal vio el *Cancionero general* como "una balumba de versos insignificantes". La obra cortesana de Jorge Manrique fue condenada por Pedro Salinas por su falta de sinceridad: "lo mejor de su alma permaneció ajeno a esta operación del ingenio poético". Dámaso Alonso concedió que se pueden encontrar "destellos de auténtica pasión y voz emocionada", pero sólo "aquí y allí, entre discreteos y manidas fórmulas trovadorescas". José Manuel Blecua se refirió a "la exangüe poesía cortesana". Francisca Vendrell de Millás habló de las "frías y anodinas composiciones que leemos en los cancioneros". En fin, la poesía amatoria cancioneril la condenaron gran número de los mejores críticos españoles de este siglo.[5]

En el presente ensayo pienso sostener la tesis de que se equivocaron. Y si la crítica se ha equivocado, y esto es lo que queda por demostrar, será porque ha sido equivocado el modo de aproximarse a la cuestión. Si, por ejemplo, estamos convencidos de que "la poesía" debe desplegar una gran riqueza léxica, o bien de que debe ser una expresión sincera de pasión auténtica, cuando nos acercamos a la poesía amatoria cancioneril, no encontraremos nada de esto y así concluiremos que carece de valor. Es imprescindible saber lo que nos es lícito exigir de ella. Entonces la podremos juzgar según sus propios objetivos, intentando llegar a alguna conclusión, por provisional que sea, acerca de hasta qué punto los poetas han logrado realizar sus ambiciones poéticas. Y luego nos podremos preguntar si aquellos objetivos son valiosos y dignos de consideración. Es evidente que yo voy a contestar que sí, pero por ahora quiero señalar tan sólo que los mismos términos en que se ha expresado la condena de la poesía amatoria cancioneril demuestran que el juicio evaluativo está basado en premisas harto discutibles.

Hoy en día se habla bastante de la revaloración de la poesía de cancionero. A mí me parece que está por hacer. La mayor parte de los estudios publicados en años recientes siguen dedicándose o a poetas anteriores al verdadero apogeo de la lírica

cortesana (Francisco Imperial, Juan de Mena, el Marqués de Santillana, Gómez Manrique, Jorge Manrique, Rodrigo Cota), o bien a
los posteriores, como Garci Sánchez de Badajoz o Castillejo. Se
han estudiado detenidamente los primeros cancioneros, de Baena,
de Estúñiga, de Palacio (de mediados del siglo[6]), o bien las
poesías religiosas de nuestra época: de fray Íñigo de Mendoza,
fray Ambrosio Montesino, fray Juan de Padilla, Diego de San
Pedro, etcétera. Tampoco conviene olvidar estudios importantes
sobre Juan del Encina, pero él no representa adecuadamente a su
generación. Se ha escrito muy poco sobre los grandes poetas
amatorios de finales del siglo, es decir, sobre Quirós, Diego
López de Haro, Nicolás Núñez, Diego de San Pedro. Aun Alan
Deyermond, que ha dedicado interesantes artículos a Florencia
Pinar, los califica de "poetas relativamente menores".[7] Otros,
como Roger Boase, se han acercado a la poesía cortesana como a un
fenómeno histórico-sociológico que hay que explicar.[8] No quiero
decir que no sea valiosa esta clase de trabajo; pero me recuerda
el juicio de Menéndez Pelayo, "de más interés histórico que
poético". Finalmente, Francisco López Estrada, en la última
edición renovada de su utilísima *Introducción a la literatura
medieval española*, como Deyermond muy al día en lo que se refiere
a los estudios más recientes, cita con aprobación palabras de
Paul Zumthor:[9]

> Aunque algunas lagunas modifican un poco la economía de la
> canción, la naturaleza y funcionamiento de los lazos que
> unen los elementos léxicos, sintácticos y rítmicos
> permanecen en conjunto sin cambio, y el inventario de los
> motivos permanece en esencial el mismo.

Aunque es posible que yo no lo haya interpretado bien, a mí esto
también me recuerda a Menéndez Pelayo: "lo mismo pueden ser de
Boscán que de cualquier otro caballero galante y discreto de la
corte". Pues sí ... y no. Sería inútil tratar de negar que se
nota en la poesía amatoria de cancionero cierta superficial seme-
janza entre distintos autores, pero al examinarlos más de cerca,

vemos que se destacan netamente perfiladas las muy distintas
personalidades de un San Pedro, un Quirós o un Nicolás Núñez.

Hemos llegado a una situación en la que los críticos de mayor
solvencia están dispuestos a aproximarse receptivamente a la
poesía amatoria cancioneril, descartando previas convicciones;
pero parece que no saben luego qué hacer con ella, en parte, quizás, por la tremenda dificultad de los textos. La tarea más ur-
gente que tenemos ahora es de carácter textual. Pero si Francisco Rico necesita un artículo entero para comentar tres letras, si
Deyermond dedica un artículo a tres breves poesías de Florencia
Pinar, si J. M. Aguirre en otro largo artículo se ocupa de una
sola canción de Pinar (probablemente del hermano de Florencia) y
si yo pienso destinar unas diez páginas a la elucidación del
"Mayor bien de quereros", de San Pedro, ¡menudo problema tiene
el que piense sacar una edición crítica y adecuadamente anotada
del *Cancionero general*![10] Lo tendremos que hacer poco a poco.

Ahora bien, no voy a intentar refutar punto por punto todo lo
que dice Menéndez Pelayo acerca de la poesía amatoria de la época
de los Reyes Católicos, ni tampoco todo lo que varios críticos
posteriores han dicho acerca del llamado amor cortés. Pero en el
espacio de que dispongo, sí quisiera tratar de sugerirles a mis
lectores algunas dudas, de proponer otra interpretación de estos
versos y de ofrecer una nueva valoración de esta poesía
generalmente menospreciada.

***

En primer lugar, cabe insistir en el hecho de que son
contadísimos los cancioneros que se limitan a poemas que tratan
de un solo tema. El *Cancionero de obras de burlas*, que no
contiene más que obras jocosas, burlescas u obscenas, es casi
único en su género. El *Cancionero de Estúñiga*, compilado en
Nápoles a mediados del siglo XV, se destaca por su predilección
por los poemas de tema amoroso. El *Cancionero* editado por Hurus
en Zaragoza en 1492 y 1495, que no incluye más que obras devotas
y morales, también constituye una notable excepción.[11] Lo más

frecuente es que, hasta cuando el compilador empieza reuniendo
poesías del mismo género, no pueda menos de seguir copiando los
materiales que tiene a mano. Hay, por ejemplo, una pequeña fa-
milia de cancioneros que reúnen las obras devotas de fray Íñigo
de Mendoza, especialmente la *Vita Christi*, que copian luego otras
obras morales de otros autores, entre ellas las *Coplas por la
muerte de su padre*, de Jorge Manrique, y que siguen copiando sus
poesías menores amatorias.[12]   Nuestro benemérito Menéndez Pelayo,
después de elogiar fervorosamente las famosas *Coplas*, comentó:[13]

> Las poesías menores de Jorge Manrique ... no tienen nada
> que las distinga de los infinitos versos eróticos que son
> el fondo principal de los Cancioneros, y que más que a la
> historia de la poesía, interesan a la historia de las
> costumbres y del trato cortesano.

Pero lo mas típico es que tanto los compiladores de los cancioneros como los poetas mismos no se limiten a tratar un solo tema.
Diego de San Pedro, a quien citaré con cierta frecuencia, escribió poesía religiosa, filosófica, política, amatoria y burlesca.

No cabe la menor duda de que en cualquier género, en cualquier
época —pongamos por ejemplo la comedia del Siglo de Oro o la
novela del diecinueve— la inmensa mayoría de las obras
producidas son más bien mediocres; y tampoco podemos dudar que la
mayoría de los compiladores de los cancioneros recogían todo lo
que se les ofreciese, sin el menor intento de discriminar entre
los versos superiores y los medianos. En el *Cancionero general*,
por ejemplo, como señaló acertadamente el mismo Menéndez Pelayo,
hay que "descartar todos aquellos autores ... que no tienen más
recomendación que lo ilustre de sus títulos y apellidos" (126).
A Hernando del Castillo no sé si le debemos achacar cierto
esnobismo o una falta de buen gusto, o bien atribuirle el nada
despreciable deseo de intentar reunir todo lo posible de la
producción poética inédita de su época. Pero lo cierto es que,
aunque su *Cancionero* constituya una fuente inestimable para los
historiadores de la literatura, pues los versos malos nos pueden

enseñar tanto como los buenos, su inmensa colección contiene muchísimos versos insulsos, triviales, convencionales y derivativos. Era inevitable. Pero ¿cómo los vamos a distinguir de los buenos? Y vamos ya al caso.

Yo no creo —mejor dicho, no sé quién me podría convencer de que no se trata de una verdad inconcusa e irrefutable— que el mérito literario dependa ni del tema tratado, ni de la forma métrica que se usa, ni siquiera del estilo preferido por el autor. Es decir, las poesías de tema moral o religioso (de las que también hay muchas pésimas) no pueden ni deben juzgarse como automáticamente superiores como literatura a las poesías amorosas; el metro de los romances o de los villancicos no puede considerarse superior al de las canciones; y en cuanto a la sencillez del estilo de la poesía de tipo tradicional, corre más riesgo de resultar insípido y trivial que el elevado e intrincado de varias esparsas y canciones. He aquí el gran fallo del insigne santanderino: cuando no habla de la poesía amorosa cancioneril en términos despectivos bastante vagos, se atiene tan sólo a los criterios del tema y del estilo. Con aquella confianza envidiable, tanto personal como de su época, en que la estética decimonónica era la única válida, despacha la mayor parte de la poesía amatoria cancioneril por su galantería sin pasión, y la condena por el estilo artificioso y amanerado en que se expresan los conceptos.

La delicada y difícil tarea de llegar a un justo aprecio de los méritos de la literatura de épocas pasadas es un problema que él resuelve facilísimamente: si no le gusta, no es buena. Habla del "gusto depravado" de una época entera, de una época que nos dio en la prosa obras maestras tales como *Cárcel de Amor*, la *Celestina* y el *Amadís*. Según parece, no le hizo vacilar el que varios escritores de gran categoría, cuya calidad reconoce generosamente, tales como Jorge Manrique o Diego de San Pedro, se hubieran dedicado a componer versos galantes y conceptuosos. Para él se trata de una aberración. Pues bien, yo no me

atrevería a afirmar que Menéndez Pelayo careciese enteramente de
razón: para los chinos el amor sexual (pero no la amistad) es un
tema demasiado trivial para la poesía,[14] y en la cultura europea
no es imposible que le hayamos concedido demasiada importancia;
pero tampoco osaría discrepar del dictamen de don Dámaso Alonso,
de que "ninguna época se equivoca estéticamente".[15]   O sea, como
ya he dicho, antes de formular cualquier juicio estético o
evaluativo, nos cumple intentar comprender plenamente lo que
pretendían conseguir los autores que trabajaban en una tradición
que ahora nos resulta extraña.   Lo curioso es que el mismo
intento de comprensión empieza a minar la confianza; tan pronto
como los comenzamos a entender, no sólo los perdonamos, sino que
los empezamos a apreciar.   Salimos —¿qué sé yo?— con el gusto
depravado.   Pero debo confesar que prefiero creer que en la
conquista de otra área estética, en la adquisición de otras
sensibilidades, en la anexión de un nuevo mundo literario de
distintas modalidades, nosotros no perdemos nada.

Detengámonos —por ahora nada más que un momento— en una
canción de Diego de San Pedro.[16]

> El mayor bien de quereros
> es querer vn no quererme
> pues procurar de perderos
> sera perder el perderme
>
> No porque perdiendos gano
> lo que lastimo el perder
> mas mi buen seruir en vano
> morira muerto el querer
> Assi que viendo el no veros
> no sera visto el no verme
> pues procurar de perderos
> sera perder el perderme

Aunque Menéndez Pelayo no la menciona, no es difícil imaginar lo
que hubiera opinado de esta canción. Pero a Baltasar Gracián esta

poesía le dejó casi estupefacto. Para él representaba poco menos
que lo mejor que se hubiese escrito nunca en lengua castellana.
Paradoja tras paradoja les conferían a estos versos una agudeza
"extremada", insuperable. No es imposible que Gracián adoleciese
de un gusto depravado, pero tenía plenamente razón al escribir:
"Piden mucha atención para ser percibidos, cuanto más para ser
concebidos". Decía también: "Tienen estos pensamientos de
sutiles y primorosos lo que tienen de metafísicos", y, "Esta
diferencia hay entre las composiciones antiguas y las modernas:
que aquéllas todo lo echaban en concepto, y así están llenas de
alma y viveza ingeniosa".[17]

Quisiera subrayar dos puntos. El primero, del que luego me
quiero ocupar más por extenso, es que estamos ante una poesía
intelectual, o, si se quiere, "metafísica",[18] una modalidad
poética perfectamente legítima, y que no hacemos bien en juzgarla
por criterios que no vienen al caso, ni en exigir que sea
romántica, pintoresca ni apasionada. O sea, no hay que condenar
a la poesía cancioneril porque no es lo que no pretende ser.
Como luego veremos, los méritos que nos es lícito esperar en esta
clase de poesía son: la concisión lapidaria, conceptos originales, ingeniosos y a veces picantes, y oportunas ocurrencias
retóricas, métricas y verbales.

El segundo punto que quiero recalcar ahora es el siguiente.
Estos versos no son nada fáciles de entender: "Piden mucha
atención para ser percibidos". A mí me costó como diez años de
devanarme los sesos llegar, con la ayuda de Gracián, a una explicación de estos versos, explicación que por ahora es necesario
postergar. Pues bien, yo estaría más dispuesto a aceptar como
veredicto justo y honrado la condena por tantos críticos de los
versos de esta clase si existiera el menor indicio de que los hubiesen entendido. Las poesías menores de San Pedro, por ejemplo,
galantes y conceptuosas, se han vuelto a imprimir en tiempos modernos media docena de veces sin el más mínimo intento por parte
del autor de la edición de aclarar su sentido. Es seguro que esto

no se debe a que el lector no necesite aclaraciones. Tampoco
parece probable que se deba a que el editor creyese de veras que
sobraban. Hasta en las poesías menores de San Pedro, en la
reciente edición de Dorothy Severin y mía, se verá la frecuencia
con que hemos tenido que escribir en nota: "No entendemos bien el
significado de este verso".[19] Francamente, dudo mucho que los
historiadores de la literatura castellana que rechazan por
triviales y frívolas a las poesías amatorias de la época
isabelina se hayan tomado la molestia de intentar descifrarlas.

Finalmente, para terminar por lo menos la primera fase de este
asalto a la posición ortodoxa, quisiera llamar la atención sobre
la prodigiosa cantidad de poesía cancioneril que existe. Estamos
ante una explosión creativa verdaderamente pasmosa.[20] Menéndez
Pelayo se refiere a una media docena de cancioneros. La bibliografía de Simón Díaz registra cuarenta y siete. El impresionante repertorio de Jacqueline Steunou y Lothar Knapp analiza
el contenido de noventa manuscritos y ediciones antiguas. Pero
este inventario tampoco es exhaustivo. Durante más de diez años
Brian Dutton estuvo realizando un trabajo paralelo, y la lista
suya contiene no sólo varios cancioneros impresos ignorados por
Steunou y Knapp —y los impresos son más fáciles de encontrar—
sino más de ciento sesenta cancioneros manuscritos que contienen
poesías compuestas antes de 1520.[21] Está claro que muchas
poesías se vuelven a copiar repetidas veces, pero otras no.
Aunque no sea fácil precisar el número de poemas, pues se pueden
emplear distintos criterios en el cómputo, por ejemplo, de los
motes, de las preguntas y respuestas, de las poesías acabadas por
otro autor, etcétera, sí se puede decir que se trata de varios
millares. Y la inmensa mayoría de estos cancioneros y de estos
poemas siguen ineditos. No vamos a sostener —sería absurdo—
que no debemos decir nada de la poesía cancioneril antes de
leerla toda; pero se ve que al formular cualquier juicio general
sobre los cancioneros conviene andar con mucho cuidado. Tengo
que hablar, forzosamente, tan sólo de las pocas poesías

—relativamente muy pocas— que he conseguido leer.

Aunque sería difícil demostrarlo sin una larguísima digresión, otro fallo de los críticos es que vuelven a citar, hasta la saciedad, las mismísimas poesías ya sobradamente conocidas, sin detenerse a considerar si son realmente las más típicas de este vasto corpus poético. Ha habido, que yo sepa, sólo dos intentos de encontrar una manera de descartar toda previa convicción, todo prejuicio, al acercarnos a la poesía de cancionero. Uno mío —del que, por lo somero del trabajo, no puedo quedar satisfecho— lo emprendí hace varios años mediante un análisis estadístico tan sólo de las canciones del *Cancionero general*.[22] Examiné la métrica, la estructura (atendiéndome principalmente a la repetición al final del poema de los versos iniciales) y el vocabulario. De esta pequeña investigación saqué como las más "típicas" cuatro canciones que no se habían visto nunca citadas ni comentadas por la crítica. Debo confesar que luego no sabía qué hacer con ellas, pues no conseguía interpretar una de Quirós, y las demás me parecían, como a Menéndez Pelayo, bastante medianas e incoloras.

Luego, Jane Whetnall, con mejores criterios que los míos, pero con la misma finalidad, intentó escaparse del lazo de los prejuicios subjetivos contando la frecuencia con la que se copiaban o se citaban poesías individuales de mediados del siglo XV. La tarea es enorme y todavía no la ha llevado a cabo, pero, sin haber agotado todas las fuentes posibles, llegó a unas conclusiones que nos comunicó en una ponencia leída en el congreso de hispanistas británicos.[23] Otra vez los resultados eran sorprendentes. Entre las poesías más populares, más conocidas, más difundidas por los copistas y compiladores de la época constaban dos, de Juan de Dueñas y del bachiller de la Torre, que a casi todos los oyentes nos resultaban desconocidas.[24]

No quiero volver a explayarme aquí en un tema que he tratado más de una vez en otros sitios, tema que se podría resumir como el problema del "best-seller".[25] Diré tan sólo que me parece

peligrosísimo tratar de acercarnos a la literatura de épocas
pasadas sin tomar en cuenta la estima con que los contemporáneos
miraban la producción literaria. Ello es que la gran mayoría de
los críticos y de los historiadores de la literatura, cuando
intentan identificar las mejores obras de los siglos pasados, lo
hacen empleando criterios demasiado relativos y personales. Esto
se echa de ver al cotejar cualquier moderna historia de la
literatura española con las, digamos, de principios del XIX. En
éstas, por ejemplo, las obras maestras del Siglo de Oro son las
largas poesías heroicas, las epopeyas literarias, y apenas se
menciona la comedia.[26] Una reciente historia, de varios autores,
dedica un tomo entero a la comedia del Siglo de Oro y otro, de
igual tamaño, a todo lo demás: poesía lírica y épica; novela
sentimental, pastoril, morisca y picaresca, y la prosa doctrinal,
moral, política, etcétera.[27] Y este intento de valorar la literatura pasada empleando criterios muy de nuestra época nos lleva
a otras curiosas consecuencias, como son las extensas páginas
dedicadas a obras como *Tirant lo blanc* o *La Lozana andaluza*, las
cuales en su tiempo alcanzaron poquísima difusión. Concedamos
que hay también otro aspecto de la historia literaria que no
carece de interés: el problema de la no-recepción, del texto que
sin duda merecía tener éxito y no lo tuvo.[28] Es seguro que éxito
y mérito no están en función el uno del otro. Sin embargo, el
crítico que rechaza o que pasa por alto el juicio estético de los
coetáneos del autor que estudia, demuestra, a mi ver, una falta
de humildad y una desmesurada confianza bastante difícil de
justificar. Aunque el juicio evaluativo no puede carecer de
importancia, será siempre arriesgado y provisional; el primer de-
ber del crítico historiador tiene que ser el de tratar de comprender e interpretar las obras literarias. A algunos ésta les
parecerá una posición extrema, pero no veo otra manera de res-
catar del desprecio general la importante poesía amatoria de los
cancioneros.

II

EL "IDEALISMO" DEL AMOR CORTÉS

Sobre el llamado "amor cortés" se han editado un sinnúmero de trabajos, a los que no pienso pasar revista aquí. Me quiero concentrar más bien en un libro reciente sobre el concepto del amor en la literatura del Siglo de Oro, obra del distinguido hispanista británico A. A. Parker, quien inicia su estudio examinando el concepto medieval del amor, tal como se desprende de la lectura de la novela sentimental española y de la poesía amatoria de los cancioneros.[29] Su tesis, que tengo que simplificar bastante, es la siguiente. En primer lugar, dice, algunos críticos de hoy en día estamos tan imbuidos de los modernos conceptos materialistas que somos incapaces de comprender bien lo que era el idealismo de épocas antiguas. Segundo, todo hombre, criatura de Dios, siente —quiera o no— cierta ansia del más allá, el impulso a unirse con lo divino. Y tercero, este impulso, que el hombre no entiende bien, le lleva a veces por caminos errados. En unas brillantes y apasionadas páginas invierte una de las tesis de la escuela de siquiatría freudiana, que quiere que el misticismo sea una "sublimación", como dicen ellos, del instinto sexual. Para Parker, es más bien el instinto religioso pervertido el que produce el amor cortés, amor que intenta deificar a la amada, amor que dicta una sumisión completa a otra voluntad, amor cuya expresión más típica es la del sufrimiento causado por el amor no correspondido y por el deseo de lo imposible, de fundirse y perderse en otro ser. Todo esto explica la facilidad con que se transfiere el vocabulario de la poesía del amor erótico a la experiencia mística de una Santa Teresa o un San Juan de la Cruz. Visto desde esta perspectiva, el autor de *Cárcel de Amor* llega a ser una especie de místico descaminado.

Aunque no estoy capacitado para hablar del misticismo en relación con las teorías de Freud, quizás cumpla hacer constar que entre Parker y los freudianos soy más bien partidario de aquel; pero en cuanto a lo demás, lamento tener que confesar que su tesis no acaba de convencerme. Aunque no sea la parte más fundamental de su argumento, la curiosa coincidencia del lenguaje del amor humano y del divino se puede explicar de una manera menos trascendental. No quiero decir que exista una sola explicación sencilla, pero se ve que han podido contribuir a este fenómeno varios factores.[30]

Primero, no cabe la menor duda de que los escritores medievales eran menos sensibles que nosotros al decoro en los asuntos religiosos. Los poetas componían misas de amor (como Suero de Ribera), decálogos de amor (como Juan Rodríguez del Padrón), sermones sobre el amor (como Diego de San Pedro); se imaginaban profesos en la orden religiosa del amor (como Juan de Mena y Jorge Manrique); inventaban romerías del amor (como Juan Rodríguez del Padrón) o bien concilios generales (como Torres Naharro); y todo esto no se miraba, al menos por la gran mayoría, como blasfemia.[31] Aun en 1567, o sea, en plena Contrarreforma, en un *Manual de confesores y penitentes* publicado en Barcelona, el doctor navarro, Martín de Azpilcueta, habló de la mezcla de los "cantos seglares" con el "culto divino", práctica, según él, que "se acostumbra conmúnmente". Pero en la docta opinión suya, "no parece pecado mortal sino quando la canción es torpe y suzia, o vana o prophana, *cantada durante el officio diuino*" (subrayo yo).[32] Nuestros poetas, bien familiarizados con los conceptos religiosos, no se sentían cohibidos al apercibirse de algún paralelo picante.

Luego, se les ofrecían, ya establecidas, varias picantes coincidencias léxicas. "La fe", por ejemplo, designaba la fe religiosa; pero desde siglos atrás era también una palabra polisémica, que tenía una pluralidad de significados perfectamente normales, para los que ahora empleamos distintos vocablos: "fidelidad", "lealtad", "promesa", "constancia". "La pasión" conservaba el sentido etimológico de "sufrimiento", como en la Pasión de Jesucristo, pero había adquirido, mucho antes de la época isabelina, pues ya constan en el latín medieval, los modernos significados de cualquier afecto desordenado del ánimo —la ira, por ejemplo— así como del amor apasionado. Para los extremos del dolor o del placer no nos puede sorprender el que se usasen términos como "infierno" o "paraíso". Si la dama termina rindiéndose, el amante, como dice Calisto, entra en la "gloria": la amada le ha "remediado" o redimido. Tampoco me parece significativo el que un poeta diga que "adora" a una dama.[33]

Ahora bien, cuando, por ejemplo, Diego de San Pedro compone la *Pasión trovada* para olvidarse de su pasión por una bella monja, o cuando su héroe Arnalte recita las siete angustias de Nuestra Señora para no recordar sus propias angustias amorosas, estas comparaciones no nos llevan más allá. El mismo Leriano, a quien vemos coronado de una corona de espinas, no es una figura de Jesucristo. Es decir, casi todas estas coincidencias entre la expresión del amor humano y el culto cristiano son momentáneas: son picantes juegos de palabras sin mayor alcance.

También se pueden encontrar otras explicaciones del lenguaje erótico de los místicos. Apenas nos es lícito dudar que uno de los factores más importantes tiene que ser el lenguaje del *Cantar de los cantares*, libro que durante muchos siglos se había prestado a distintas interpretaciones, pero siempre a interpretaciones alegóricas: distintos comentaristas veían en la amada el pueblo judío, la Virgen, la Iglesia y el alma humana, interpretación ésta que nos lleva directamente al misticismo. Existía, desde luego, la posibilidad de que, bajo la influencia de aquel modelo, los místicos españoles hubiesen copiado las mismas imágenes hebreas —imágenes franca y abiertamente eróticas— pero si en general preferían echar mano a los conceptos y al vocabulario de la poesía amatoria de la tradición nativa, esto no parece ni anormal ni especialmente significativo. En realidad, el hecho no nos aclara en absoluto la intencionalidad de los versos amorosos españoles. El verdadero problema lo plantea el mismo *Cantar de los cantares*, puesto que es bastante discutible cualquier interpretación alegórica de este sugestivo poema.[34]

Pero los inconvenientes que veo en las tesis de Parker son más fundamentales. No creo que los medievalistas corramos el riesgo de infravalorar el idealismo de la Edad Media. Al contrario, me parece muy probable que lo hayamos sobrevalorado. No se puede negar que muchísimos escritores medievales demuestran la más honda preocupación por la moral, y que desean definir, en términos prácticos, la recta conducta. En cuanto al crimen o al pecado no hallan dificultades: el asesinato, el robo, la traición, la cobardía, la avaricia, la murmuración, etcétera —casi sobra decirlo— son de condenar y castigar. Pero en la política, por ejemplo, la recta conducta no es tan fácil de establecer. ¿Cuáles son las circunstancias en las que un rey debe templar la justicia con la misericordia? Los teóricos siguen debatiéndolo durante todo el Siglo de Oro. ¿Y el amor? El problema es casi insoluble. Por una parte vemos que el idealismo medieval se esfuerza por definir la recta conducta del amante: hay que respetar a la mujer, hay que evitar cualquier escándalo que la pueda dañar, hay que obedecer a su voluntad, hay que demostrar una constancia inmutable. En efecto, el amor que se altera se revela como amor falso, pues el verdadero amor dura hasta la muerte. Los imperativos del llamado código del amor cortés llegan a confundirse con los de la caballerosidad y, al fin y al cabo, con los de la virtud. Muchos insisten en que el amor es una experiencia ennoblecedora, y en la apasionada defensa tanto del amor como de las mujeres que San Pedro puso en boca de Leriano al final de *Cárcel de Amor*, se sostiene que el amor a las mujeres, más sensibles que los hombres, más compasivas, más finas, constituye la base de la civilización misma.[35] Todo esto es tan sobradamente conocido que no hay que insistir en ello, y hasta cierto punto apoya la tesis de Parker.

Pero luego se puede uno preguntar el porqué de tantas protestas. El mismo San Pedro, ya viejo, el "seso lleno de canas", como nos dice, acaba confesando que reconoce sus errores juveniles, que sus versos amorosos serán "pertrechos con que tiren contra mí", que *Arnalte y Lucenda* será testigo contra él en el día del juicio final, que su *Sermón* está lleno de yerros, que *Cárcel de Amor* era "salsa para pecar" y que va a ser enemiga mortal para el alma suya. Tampoco es el único. Palinodias parecidas las redactaron Juan Rodríguez del Padrón, Alfonso Álvarez de Villasandino, Juan Álvarez Gato, Juan de Mena, el Marqués de Santillana, quizás Jorge Manrique, para citar sólo los más renombrados.[36] Pero mientras los viejos reconocen sus errores juveniles, los jóvenes son incapaces de aceptar que el amor sea realmente un pecado. "Quien de linda s'enamora / atender deve perdón"; "Yerros por amores no son yerros"; "Dios al buen amador / nunca demanda pecado"; o bien en palabras de Andreas el Capellán, "modicam in ipso Deus recognoscit offensam".[37] Este amor tan ennoblecedor, tan idealizado, con frecuencia expresado en términos aparentemente más apropiados a la religión, no es ni más ni menos que el amor sexual; y es aquí donde empiezo a disentir de lo que dice Parker. Las grandilocuentes pretensiones de los poetas amorosos no las veo como un reflejo de una ansia del más allá, sino tan sólo como una reacción de autojustificación ante la condena de la Iglesia, las burlas de la gente vulgar y, tal vez, el análisis clínico de los médicos que no veían en el amor más que otro trastorno mental.[38]

De vez en cuando se vislumbra la realidad subyacente. En dos discursos en prosa de Diego de San Pedro, en su propio *Sermón* y

en el parlamento final de Leriano en *Cárcel de Amor*, se expone la
teoría del amor cortés. Pues bien, en el *Sermón*, algo difícil de
interpretar, porque se puede sospechar que no lo dice todo en
serio, San Pedro asegura a las damas que "el affinado amador no
quiere de su amiga otro bien sino que le pese de su mal, y que,
tractándole sin aspereza, le muestre buen rostro, que otras
mercedes no se pueden pedir". Y agrega que, "remediado su mal,
antes seréis alabadas por piadosas que retraídas por culpadas".
Las damas que "remedian" el mal del amante no deben ser
reprochadas. Las mismas palabras vuelven a aparecer textualmente
en el discurso de Leriano, en un contexto que apenas deja lugar a
dudas:[39]

> No sé causa por que de nosotros devan ser afeadas. ¡O
> culpa merecedora de grave castigo, que porque algunas hayan
> piedad de los que por ellas penan, les dan tal galardón!
> ¿A qué muger deste mundo no harán conpasión las lágrimas
> que vertemos, las lástimas que dezimos, los sospiros que
> damos? ¿Cuál no creerá las razones juradas? ¿cuál no
> creerá la fe certificada? ¿a cuál no moverán las dádivas
> grandes? ¿en cuál coraçón no harán fruto las alabanças
> devidas? ¿en cuál voluntad no hará mudança la firmeza
> cierta? ¿cuál se podrá defender del continuo seguir? Por
> cierto, segund las armas con que son conbatidas, aunque las
> menos se defendiesen no era cosa de maravillar, y antes
> devrían ser las que no pueden defenderse alabadas por
> piadosas que retraídas por culpadas.

Se ve que ya no es cuestión de tratar a los amantes sin aspereza,
sino de rendirse por completo.

He preferido citar el testimonio de un fino poeta cortesano,
pues es posible que los que atacaron el galanteo contemporáneo no
comprendiesen bien que en el amor cortesano hubiese algo más que
concupiscencia e idolatría. Pero ello es que los moralistas,
como fray Íñigo de Mendoza, fray Ambrosio de Montesino o fray
Antonio de Medina,[40] o bien los misóginos como Pedro Torrellas,

Luis de Lucena o Rodrigo de Reinosa, no tuvieron la menor duda.
Para ellos, los caballeros así como las damas de la corte estaban
obsesionados por el apetito carnal y entregados al vicio y al
pecado. El galanteo terminaba, según ellos, con escaleras contra
la pared, entrevistas nocturnas clandestinas y la fornicación,
igual que en la *Celestina*.[41]

Según la afortunada locución provenzal, el amante cortesano
quiere poseerle a la dama "cor e cors", o sea, el corazón y el
cuerpo. Quiere que su amor sea correspondido —no le interesa el
amor meretricio— pero también quiere la completa unión física.
No conviene que nos olvidemos ni de lo uno ni de lo otro; y si
insisto aquí más bien en el erotismo de la poesía cortesana, es
porque después de una centuria de comentarios que han subrayado
el idealismo del amor cortés, hace muchísima falta algún
contrapeso.

Los médicos, de los que he hablado más por extenso en otros
lugares,[42] veían la causa del amor en el deseo sexual insatisfecho. Los vapores venenosos engendrados por la concupiscencia subían al cráneo y volvían loco al amante. El remedio más
obvio, pues, era que se satisficiese aquel deseo. El portugués
Velasco de Taranta aconseja "quod sibi detur illa quam diligit",
que le sea entregada la mujer a quien ama y desea. El doctor
Francisco López de Villalobos, médico de Fernando el Católico y
de Carlos V, en su *Sumario de la medicina*, entiende que quizás
sea difícil que el enamorado consiga la dama deseada. No
importa. Igual se puede curar si un alcahuete le procura otras
mujeres menos esquivas —"alcahuetes le hagan querer a señoras"—
o si se casa, no con la amada, sino con cualquiera —"le hagan
casar con muger".

Los poetas cortesanos, aunque hagan hincapié en que el amor es
algo más que la concupiscencia —y está claro que tenían
plenamente razón— aceptan, sin embargo, que el amor estriba en
el apetito sexual. No hay nada secreto en esto. Al impecable
Leriano es el caballero Deseo que le lleva prisionero a la

cárcel, el cuerpo encendido en las llamas que emanan de una figurina de mujer, figurina, en la imaginación del grabador si no del autor (que lo pasa por alto), de una mujer desnuda.[43]

Rechazo, claro está, la acusación de que soy demasiado materialista para apreciar la verdadera naturaleza del amor cortés. Prefiero creer que me baso en el testimonio de los textos. Ahora bien, la historia de la crítica del amor cortés, así como de la poesía amatoria cancioneril, ha sido una historia de falsificación y de supresión de los datos inconvenientes. Como consecuencia, los críticos, con rarísimas excepciones, ni se han enterado del sentido erótico del vocabulario cancioneril. Falsificación y supresión he dicho: veamos. El gran erudito francés Jeanroy editó la poesía lírica de los trovadores provenzales junto con una versión francesa en prosa suya.[44] Es un trabajo todavía sumamente útil, pero algo engañoso. Su obra es tan impresionante que tuvimos que esperar treinta años a que otro erudito, Moshé Lazar, nos hiciese ver cuánto nos había despistado la pudicicia del editor francés.[45] En primer lugar, al editar los textos provenzales Jeanroy hacía imprimir algunos versos que constan de puntos suspensivos. El recurso no es nada anormal: lo utilizamos cuando vemos que por el descuido del copista o del compositor una estrofa anda falta de un verso, y con la ayuda de la rima o de la sintaxis suele resultar bastante fácil colocarlo en su sitio. Pero, según Lazar, si volvemos a los manuscritos veremos que los versos que faltan en la edición impresa, con cierta frecuencia constan en el original. Son, sencillamente, explícitamente sexuales, o, si se quiere, obscenos. Y la misma cosa ocurre en la traducción de Jeanroy: u omite los versos que le parecían indecentes, o los traduce inexactamente en palabras eufemísticas o totalmente inocentes. Luego, al escribir sus comentarios sobre la poesía trovadoresca, es como si se hubiese olvidado por completo de sus propias expurgaciones. Se puede decir que esto no tiene nada que ver con la poesía cancioneril española; pero algo tiene que ver, segura-

mente, con las actitudes de los críticos y eruditos, o bien con
las de las casas editoriales, que no se hubieran atrevido a pu-
blicar, aun bajo el disfraz de la erudición, material escabroso.

Otro caso más relevante e igualmente sorprendente es el de
Francisca Vendrell de Millás, que nos dio una útil edición del
llamado *Cancionero de Palacio*.   En el prólogo escribe cate-
góricamente: "platónico era el amor".[46] ¿Será posible que no se
haya fijado en los dibujos que adornan este códice, dibujos de
parejas desnudas y de animales ocupados en el ayuntamiento
carnal?   Se podría replicar que las fantasías del artista no
reflejan el contenido del cancionero; pero en el mismo texto
encontramos al poeta Caltraviessa pidiendo a su amiga "que vos
viesse yo desnuda".[47]

Podría seguir citando ejemplos de esta curiosa ceguera, pero
me conformo con citar otro caso de supresión.   En la edición de
las obras de Diego de San Pedro que hizo Samuel Gili Gaya, se
omite una de las poesías menores (además de la *Pasión trovada*),
porque "nada añadiría a la reputación del autor".[48] Tampoco,
sin duda, a la de su editor; y, aunque va resultando imprescindible, debo confesar que experimento cierto resentimiento al
verme obligado a meterme en la pura obscenidad sólo para intentar
restaurar el equilibrio.   En cierta ocasión el fino cortesano
Diego de San Pedro rogó a una señora "que le besasse" (es decir,
él a ella) "y ella le respondió que no tenía culo".   No sabemos
si el chiste llegó a ser proverbial o si lo era ya, pero lo
cierto es que vuelve a ocurrir en el *Vocabulario de refranes*, de
Gonzalo Correas, atribuido al conocido personaje folklórico
Marica, moza tradicionalmente desenvuelta y hasta desvergonzada:
"Marikita, dame un beso. —No está el kulo para eso".[49] Se ve
que a la dama de San Pedro no se le había ocurrido que un hombre
como el poeta se atreviese a pensar en darle un beso en los
labios, y se disculpa de acceder a su petición alegando que
carece de culo, por lo cual también insinúa que el indigno autor
no es más que un lameculos.   También es probable que lo fuese,

pero éste es otro cantar.[50]   Y esta vez el paladín del amor
cortés no reacciona con abyectas excusas, sino que le dirige los
siguientes versos:[51]

> Más hermosa que cortés,
> donde la virtud caresce,
> el culo, no lo negués,
> qu'en el gesto lo tenés
> si en las nalgas os fallesce.
>
> Y si hay algún primor
> para no tener ninguno,
> yo digo que algún gordor
> el coño y el salvonor
> os ha hecho todo uno.
>
> Assí como Dueratón
> pierd'el nombre entrando en Duero
> assí por esta razón
> perdió el nombre ell abispero
> cuando entró en el coñarrón.

Menéndez Pelayo habló de "las burlas que no sacan sangre", pero
es difícil creer que ésta no fuese una sangrienta. Pero lo que
más importa es que la sistemática supresión de tales versos
falsea inevitablemente el cuadro total de la poesía cancioneril.
Se ha hablado del haz y envés del amor cortés, pero la analogía
de la medalla es falsa, pues nuestros poetas no son
esquizofrénicos; y es posible que esto haya contribuido a la mala
comprensión del velado erotismo de gran parte del corpus. No
todo habrá sido falsificación ni supresión: algo se puede achacar
a la pura inocencia o ignorancia de los editores. Pero sin
aquella previa censura, quizás hubiéramos dado antes con el
verdadero sentido de muchas poesías.

Menéndez Pelayo, por ejemplo, hace imprimir en su *Antología* la
conocida canción de Florencia Pinar sobre "unas perdizes que le

enviaron bivas":[52]

> Destas aves su nación
> es cantar con alegría,
> y de vellas en prisión
> siento yo grave passión,
> sin sentir nadie la mía.
>
> Ellas lloran, que se vieron
> sin temor de ser cativas,
> y a quien eran más esquivas,
> essos mismos las prendieron.
> Sus nombres mi vida son,
> que va perdiendo alegría,
> y de vellas en prisión
> siento yo grave passión,
> sin sentir nadie la mía.

Aquí conviene subrayar dos puntos. Aunque por ahora no venga al caso, nótese que en la poesía misma ni siquiera se menciona la palabra "perdiz"; hay que deducir que los pájaros son perdices por el juego de palabras:

> Sus nombres mi vida son,
> que va *perdiendo* alegría.

Es como una pequeña adivinanza. Claro está que el epígrafe nos brinda la solución de antemano, pero no debemos fiarnos demasiado de las rúbricas, pues es seguro que muchas veces las agregaban los copistas o compositores y no el autor. Para nuestro propósito actual, el segundo punto es más importante. Superficialmente la enamorada y compasiva poetisa se queja de que mientras ella se apiada de los pájaros enjaulados, nadie se compadece de ella; y agrega que por su mismo nombre de "perdiz" simbolizan su propia pérdida de alegría. Pero, como ha señalado Alan Deyermond, es posible que la poesía no sea tan inocente como parece.[53] Como a todos era notorio en la Edad Media, la perdiz

era el símbolo de la lascivia. De un bestiario del siglo XII
traduzco estos retazos: "la frecuencia con que se ayuntan las
deja agotadas"; "el deseo carnal atormenta tanto a las hembras
que el solo olor de los machos, traído por el viento, las deja
encintas".[54] Si no somos conscientes de este simbolismo, los
conceptos de Florencia Pinar resultan algo inconexos: ella tiene
piedad de las aves porque están enjauladas; nadie se compadece de
ella por estar enamorada. Lo que no dice — pero todo el mundo lo
sabía— es que las perdices aprisionadas estarían doblemente
atormentadas por el deseo carnal, deseo que también aflige a la
autora. Al emparejar el infortunio de unas perdices con el suyo,
lo dice sin decirlo.

Por si este ejemplo no convenciera, veamos una esparsa de
Guevara:[55]

> ¡Qué noche tan mal dormida!
> ¡Qué sueño tan desvelado!
> ¡Qué dama vos, tan polida!
> ¡Qué ombre yo, tan penado!
>
> ¡Qué gesto el vuestro, de Dios!
> ¡Qué mal el mío, con vicio!
> ¡Qué ley que tengo con vos!
> ¡Qué fe, con vuestro servicio!

¿Otros versos insípidos y convencionales de galanteo? Nada de
eso, pues llevan la rúbrica de "a ssu amiga, estando con ella en
la cama". Ha pasado la noche desvelado —ya nos figuramos cómo—
y, a pesar de todo lo que dicen los tratados médicos, ha quedado
más enamorado que nunca. La receta de Velasco de Taranta, "quod
sibi detur illa quam diligit", no ha surtido efecto. La paradoja
central del poemita de Guevara se exprime en aquel verso, "¡Qué
mal el mío, con vicio!" Aun con el "vicio", o sea, a pesar del
supremo éxtasis del placer,[56] su mal, su enfermedad, o sea, su
amor, sigue tan fuerte que resiste hasta al consagrado remedio de
los teóricos. Guevara emplea el típico vocabulario de la poesía

cancioneril —"pena", "mal", "fe"— en unos versos aparentemente
anodinos para exprimir una paradoja y una idea heterodoxa. Pero
aquí empezamos a tropezar con las dificultades del léxico de
cancionero, pues, aunque me anticipo algo, conviene señalar que
el último verso también quizás exprese la misma paradoja. "¡Qué
fe!" ya sabemos que significa "¡qué constancia!" Nuestro poeta
sigue enamorado. Pero, ¿"con vuestro servicio"? Los intérpre-
tes "idealistas" de la poesía cancioneril dirían que Guevara está
hablando del servicio de amor, del *Frauendienst*; y no carecerían
de razón. Pero también es posible que esté empleando la palabra
"servicio" en un ambiguo sentido sexual, pues, aunque sea difícil
recoger ejemplos castellanos realmente inequívocos, en otros
idiomas europeos palabras afines son otras de las muchas
metáforas que se usan para designar la copulación; y el "con" se
puede leer como "a pesar de".[57]

Existen varios análisis temáticos de la poesía del llamado
amor cortés, desde el muy importante de Otis Green en adelante.[58]
Suelen adolecer, sin embargo, de tres grandes defectos. Uno
—del que luego me voy a ocupar— es que mezclan los textos y los
autores sin preocuparse por la cronología. Otro es que no
distinguen bien entre los diferentes poetas: tan pronto como
profundizamos un poco en el estudio de sus obras, nos damos
cuenta de que tenemos que ver con personalidades muy distintas.[59]
Pero el error más grave de los análisis temáticos es que los
críticos han leído los versos ateniéndose sólo al sentido
literal, sin sospechar siquiera que se pudieran leer en otro
sentido. Esto será, sin duda, otra consecuencia de la
interpretación "idealista" del amor cortés.

III

EL PROBLEMA DEL LENGUAJE

En distintos trabajos he aludido a la ambigüedad y al doble
sentido de los versos amatorios de los cancioneros, creyéndolo un
hecho notorio; pero encuentro que todavía hay muchos que se
resisten a aceptarlo. Según parece, hay que empezar con algo
incontrovertible. Aunque no nos interesan las poesías abiertamente obscenas de nuestra época, que por cierto no constituyen
el tema del presente ensayo, para establecer el significado
erótico de muchas palabras superficialmente inocentes, no veo más
remedio que acudir a los poemas eróticos y obscenos en los que
los mismos eufemismos, las mismas metáforas, se presentan en
contextos en los que no existe la menor ambigüedad —como, por
ejemplo, en aquella esparsa de San Pedro, donde nadie, pero
nadie, podría sostener que el "avispero" se refiriese a un nido
de avispas. La lista de las palabras eróticas es extensa y
sorprendente, y si por una parte ayuda a aclarar el sentido de
muchas poesías cortesanas, por otra nos plantea graves problemas
de interpretación, pues muchas veces resulta casi imposible
determinar si las palabras "de dos cortes", como las llamó
Gracián,[60] se emplean en el sentido literal e inocente, en el
sentido figurado y erótico, o bien de una manera inten-
cionadamente ambigua.

Hace ya más de quince años, el profesor Roy Jones hizo notar
que en los madrigales italianos contemporáneos de las poesías que
nos ocupan, la palabra "morire" tenía con gran frecuencia un

inequívoco sentido sexual, e insinuó que quizás —a veces—
significase lo mismo en español.[61] Muy pocos le hicieron caso,
y él mismo quedó más tarde algo arrepentido de la sugerencia,
mostrándose bastante escéptico acerca de los trabajos de los que
intentaron aprovecharse de aquella fructífera idea.   Pero la
dificultad estriba tan sólo en algunos casos equívocos.   La
metáfora de "morir", en el sentido de "experimentar la
culminación sexual", es correntísima, no sólo en los madrigales
italianos, sino en todas las lenguas europeas, incluso el latín,
tanto clásico como medieval.[62] Shakespeare habla de "la dulce
muerte del novio complacido", y se podrían citar infinitos
ejemplos ingleses.[63] En la poesía lírica latina de la Edad Media
ocurre repetidas veces, y aunque la crítica se empeñe en leer
todos los casos equívocos sólo en un sentido inocente, existen
poesías en las que el significado es clarísimo.   En un códice del
Escorial, del siglo XIV,[64] unos versos eróticos latinos hablan de
las caricias del blanco cuerpo de la amada, de cómo ella adapta
los miembros y el cuerpo a los del amante en un ritmo sin
esfuerzo ("unius si lateri latus unaque membra reformans / ducat
in alternas absque labore vices"), de los besos de miel, de la
unión de los dos cuerpos ("laqueatque corpus in unum") y de cómo,
finalmente, cada uno se muere ("moritur").

Tampoco faltan inequívocos ejemplos castellanos.   En un
cancionero manuscrito del siglo XVI, titulado "Jardín de Venus",
constan unas redondillas tituladas "Justa" que, si bien
alegóricas, no admiten más que una interpretación, pues en las
primeras estrofas el caballero invita a justar a su señora "de
noche, porque es mejor / que de día".[65]

> Las lanzas bien correrá
> con ánimo el justador,
> y de alcanzar tal favor,
> de alegre se *morirá*.
>
> Volverá a resucitar

> con su lanza entera y sana;
> su persona muy ufana
> volverá luego a justar.
>
> Vos, como mantenidora
> tan valerosa y tan fuerte,
> mil veces le daréis *muerte*,
> dándole el mayor favor.

Para que no quede la menor duda, no veo más remedio que citar, de otro cancionero manuscrito, unas seguidillas abierta y francamente obscenas:[66]

> ¡Ay que para arriba y para abajo
> hazen su efeto el coño y el carajo!
> . . . .
> Que no hay tal carajo como el del guitón,
> que entra justo y busca qualquiere rincón.
> Que quando lo hago a mi fregona,
> haze más monerías que una mona.
> Cíñeme estos brazos y aprieta fuerte,
> que me toma la rabia de la *muerte*.

Para justificar la interpretación de muchas otras palabras como metáforas sexuales sería preciso citar centenares de versos escabrosos. Para el acto sexual tenemos, entre las más vulgares —y cito sólo los verbos sencillos— "acometer", "cabalgar", "calzarse", "cargar", "comer", "correr", "dar", "encontrar", "escribir", "gozar", "guerrear", "hacer", "jugar", "justar", "merecer", "pacer", "pelear", "perder", "ponerse", "poseer", "rascar", "regar", "sacudir", "sangrar", "servir", "tirar", "traspasar", "vencer" y "visitar".[67]

Ahora bien, en poesías francamente pornográficas —es decir en poesías en las que también se emplean todas aquellas consabidas palabras tabúes que todos conocemos— y que constan por la mayor parte en cancioneros que han quedado inéditos, se encuentran centenares de metáforas que no permiten el menor lugar a duda;

pero está claro que esto no quiere decir que en otros contextos
no se puedan emplear en un sentido literal e inocente: si se dice
que uno se muere, es posible que esté falleciendo. El gran problema es que, en la poesía cancioneril más fina, no tenemos que
enfrentarnos ni con metáfora ni con el sentido literal, sino con
la ambigüedad, una ambigüedad pensada y buscada. No estoy dispuesto a sostener que, cuando los poetas cancioneriles se quejan:
"Y muero porque no muero",[68] están diciendo abiertamente: "Siento
dolores mortales porque mi amada no me permite el alivio sexual",
sino que detrás de la paradoja del vivo muerto, de la que se podrían citar múltiples ejemplos, yace también esta sugerencia
erótica.

La mayor parte de los diccionarios nos ayudan muy poco. Las
palabras tabúes, los lexicógrafos siempre las han pasado por
alto: no constan en los diccionarios primitivos, ni en el
Diccionario de Autoridades, ni, con raras excepciones, en los
modernos. Y tampoco suelen hacer constar el sentido sexual u
obsceno que pueden tener otras palabras corrientes. Si el
vocabulario erótico cancioneril es ambiguo —lo cual queda por
demostrar—, la única manera de establecer la lista de las
metáforas eróticas corrientes en la época que nos interesa es
recurrir a los versos no amorosos, sino obscenos. Esta tarea la
ha llevado a cabo un grupo de eruditos franceses, Alzieu, Jammes
y Lissorgues. Su lista es sorprendente. Sería quizás injusto
alegar que tales palabras hayan sido objeto de una supresión
deliberada hasta que las publicó este equipo francés, pero lo
cierto es que han quedado inéditos la mayor parte de los
cancioneros manuscritos en los que encontró sus versos. Cabe
decir, como ya he insinuado, que el libro aludido no resuelve
nuestros problemas, sino que muchas veces nos crea problemas
nuevos. Ya se sabe que los poetas cortesanos se quejaban de que
no los entendía el vulgo, el cual, según ellos, no entendía del
amor más que el trato sexual. Un soneto del siglo XVI, que
constituiría una espléndida lección de vocabulario ("¡Admirable

lección de vocabulario!" anotan sus editores), se puede, si se quiere, rechazar como muestra del cinismo popular. Sin embargo, da en qué pensar:[69]

> — ¿Qué me quiere, señor? — Niña, hoderte.
> — Dígalo más rodado. — Cabalgarte.
> — Dígalo a lo cortés. — Quiero gozarte.
> — Dígamelo a lo bobo. — Merecerte.

Se ve que al anónimo poeta le parecían bobos los versos cortesanos; pero lo sorprendente es que, con o sin razón, entendía "merecer" como otra metáfora sexual. Y la lección sigue, con cierta falta de lógica (no la creo ninguna joya poética), pues el caballero, al principio tan versado en los niveles del lenguaje erótico, de repente no entiende una metáfora de las más obvias. La muchacha le dice: "Tú sí que gozarás mi paraíso", y él contesta:

> — ¿Qué paraíso? Yo tu coño quiero,
> para meterle dentro mi carajo.

El seguir citando obscenidades de esta clase no nos va a ayudar gran cosa en la interpretación de la poesía amatoria cortesana. Por ahora, sólo quiero dejar asentado que en el lenguaje de la época que nos interesa,[70] queda ahora amplia e inequívocamente documentado el significado sexual de gran número de palabras que volvemos a encontrar, repetidas veces, en las muy superiores y más sutiles poesías amorosas cortesanas. Puesto que es un absurdo manifiesto decir que es un amor platónico el que se celebra en la poesía cancioneril,[71] no puedo conceder que sea descabellado pensar en que los poetas cortesanos también echasen mano a estas metáforas. La dificultad estriba en que lo hacen —si es que lo hacen— con una sutileza y una ambigüedad increíbles. Antes, pues, de seguir con el intento de interpretar algunas difíciles poesías amorosas, nos conviene examinar más de cerca la técnica de nuestros poetas.

* * *

Me he quejado ya —entre otras cosas— de la mescolanza de

autores, temas, metros, etcétera, que se ve en varios trabajos
sobre la poesía cancioneril. Una de las infelices consecuencias
de enfocar globalmente los versos del cuatrocientos es que queda
oculto el desarrollo de la técnica, de las ideas, de los ideales
estéticos y del lenguaje poético.

Si, por ejemplo, se mira el segundo tomo de la gran obra de
Pierre Le Gentil sobre la poesía lírica medieval tardía, en el
que se estudian las formas, o bien los tratados sobre la métrica
española de Tomás Navarro o de Rudolf Baehr, se verá que estos
eruditos describen la canción del siglo XV con todas sus
variantes: según ellos, puede constar de una o varias estrofas,
que pueden ser cuartetos, quintillas o sextillas, de versos
octosílabos o hexasílabos, con o sin versos de pie quebrado,
etcétera.[72] Parece que no se han fijado en que por toda la segunda mitad del siglo se va reduciendo la libertad métrica de la
canción, hasta que constituyen una pequeña minoría las canciones
que no sean del tipo de "El mayor bien de quereros", de San Pedro
(citada arriba en la p. 16). Si aceptamos como típica esta
forma, y señalamos como anómalas las canciones del *Cancionero*
general que no obedecen a esta norma, encontramos que casi todos
los autores de las canciones métricamente anómalas o pertenecen a
una época anterior a la de los Reyes Católicos, o son portugueses
o catalanes.[73]

La canción típica castellana de finales del siglo XV se puede
definir como sigue. Primero: en la vuelta (los últimos cuatro
versos) hay una repetición invariable de las rimas del "pie de la
canción" (o sea, los versos iniciales). En el corpus de las canciones cuatrocentistas, las excepciones a esta regla se deben a
la pluma de poetas más antiguos tales como Juan de Mena o el Marqués de Santillana. Segundo, en las canciones de finales del
siglo, nunca se dan más de cuatro rimas en toda la canción.
Tercero, lo más frecuente es que la vuelta reproduzca las rimas
de la estrofa inicial en el mismo orden. Cuarto, la inmensa
mayoría de las canciones se redactan en cuartetos. (Aunque una

minoría importante emplean quintillas, entre 220 canciones sólo
cinco emplean sextillas, y dos de los poetas que las usan, Juan
Rodríguez del Padrón y João Manuel, son, uno, anterior a nuestra
época y el otro, portugués.) Y, quinto, la frecuencia de los
versos de pie quebrado es casi insignificante, y otra vez la
mayoría de los casos se hallan en autores antiguos, como
Rodríguez del Padrón, o portugueses, como João Manuel o João de
Meneses. Es decir, el examen cronológico de la forma de la
canción cuatrocentista deja patente que en tiempo de los Reyes
Católicos los poetas no sólo aceptaron voluntariamente las
existentes restricciones de la forma de la canción, sino que
rechazaron hasta ciertas licencias tradicionalmente permitidas.
Lo que es todavía más importante es que la limitación métrica se
desarrolló paralelamente al culto del concepto, y espero
demostrar que los dos fenómenos están ligados. Pero por ahora
nos conviene fijarnos en otro fenómeno, nada inconexo, a saber el
del vocabulario de la poesía amatoria cancioneril.

Hace tiempo también llevé a cabo otra pequeña investigación
sobre el léxico de las canciones que constan en el *Cancionero
general*.[74] Me limité a contar los sustantivos, y no ha faltado
quien me haya reprochado el no haber contado los verbos; pero
estoy seguro de que los resultados serían parecidos. Pues bien,
en la parte dedicada a las canciones (excluyendo la última, por
razones que luego explicaré), el total de los vocablos empleados
clasificables como sustantivos, contando las repeticiones, llega
a 1.630; pero algo más de la mitad de los casos en que aparece un
sustantivo (882) son repeticiones de tan sólo 25 sustantivos
diferentes; y el 70 por ciento (1.042) son repeticiones de 50
nombres diferentes. No creo que sea preciso insistir en que esto
es verdaderamente extraordinario. Representa, o mejor dicho
parece representar, una pobreza léxica sin par en toda la
literatura española, y contrasta, de la manera más marcada, con
la poesía de la época inmediatamente anterior, por ejemplo con
los versos de Juan de Mena o del Marqués de Santillana.

Luego, si repasamos la lista de los sustantivos más frecuentes, empezando por los de más alta frecuencia, vemos que antes de llegar a ninguna palabra que designe un objeto concreto tenemos que pasar por "vida", "mal", "dolor", "muerte", "amor", "pena", "razón", "passión", "gloria", "esperança", "coraçón" (la palabra, por supuesto, no alude al órgano impulsor de la circulación de la sangre, sino al centro de las emociones), "fe", "ventura", "alma", "desseo", "plazer", "tormento", "tristura" o "tristeza", "morir" ("el morir", sinónimo de la muerte), "causa", "pensamiento", "dessear" ("el desear", sinónimo del deseo), "fuerça", "galardón" o "gualardón", "Dios" (quizás un caso dudoso), "cuidado", "desamor", "merescimiento", "mudança", "el querer", "victoria", "señora" (otro caso dudoso, pero permítaseme seguir), "ausencia", "el bivir", "hora", "tiempo", "merced", "perfección" o "perfición", "peligro", "culpa", "condición", "perdición", "seso", y luego — ¡luego!— "mundo", "cuerpo", "ojos" y "sospiros". Se ve que la mayor parte del vocabulario se refiere a estados emocionales y facultades de la mente. Esta poesía está limitada conceptualmente a abstracciones. Toda ella es poesía amorosa, pero no del tipo "tus bellos ojos". Aunque teóricamente es la belleza de la dama lo que despierta el deseo del poeta, en primer lugar es el "mérito" de la amada, su "merescimiento", al que se menciona con más frecuencia (once veces) que su belleza ("beldad", una vez; "belleza", también una; "hermosura", tres); y en segundo lugar no se halla nunca el menor intento de describirla: ni el color de los ojos o del pelo, ni la blanca tez, ni los labios bermejos, ni los dientes resplandecientes.

Ya dije que omití del recuento del vocabulario la última canción de la sección. Es de Mosén Crespí de Valdaura, a doña María de Aragón, y es completamente excepcional por esta razón: que el catalán alaba a la señora su "virtud", "lindeza" y "sangre real", usando palabras que no son empleadas en ninguna otra canción.[75] Pero igualmente excepcionales son la canción de

Florencia Pinar ya citada, "A unas perdizes que le embiaron vivas" (p. 31) y las de Nicolás Núñez, "Porque su amiga le dio una rosa" y "Porque pidió a su amiga un limón".[76] Inclusive la muy citada "Ven muerte tan escondida" del comendador Escrivá contiene, de manera muy original, un símil concreto: "ven como rayo que hiere".[77]

En otra parte he dado cuenta de mis dudas sobre el posible prejuicio inconsciente de la crítica moderna y he sugerido que la frecuencia con que se incluyen en las antologías las poesías que acabo de mencionar ya demuestra que la moderna sensibilidad tiende a destacar, precisamente de entre esta poesía de abstracciones, los ejemplos menos típicos, o sea, aquellas piezas que ofrecen imágenes concretas, las poesías que contienen — atípicamente— vocabulario que designa objetos concretos.[78] Sin embargo, es digno de mencionar que aun en una canción con una frecuencia extraordinariamente alta de términos concretos frente a términos abstractos como la canción de Nicolás Núñez, "Porque su amiga le dio una rosa", se repite el mismo vocabulario abstracto y la conclusión se expresa en abstracciones conceptuales:

> Rosa (si rosa me distes)
> tan grande gloria me dio
> qu'en tomalla se perdió
> la muerte qu'en verme distes.
>
> Lo verde me dio esperança;
> lo blanco me lo negó;
> el sabor me seguró
> el temor de mi mudança.
> Ell olor vos lo posistes
> quando el alma me bolvió,
> mas el coraçón sintió
> el dolor que vos le distes.

Sin duda convendría que nos detuviésemos algo en la interpretación, mucho menos transparente de lo que parece a

primera vista, de esta canción: en el simbolismo de los colores
(recurso predilecto de este poeta[79]), en el ambiguo simbolismo de
la rosa misma, tradicionalmente tanto emblema de la pureza, de la
virginidad y hasta de la esterilidad, como simultáneamente
símbolo, flor de Venus, del amor erótico; pero por ahora quiero
subrayar tan sólo la presencia del mismo vocabulario abstracto:
"gloria", "muerte", "esperança", "mudança", "alma", "coraçón" y
"dolor".

Queda patente que nos enfrenta un vocabulario muy restringido
en el que se notan las elevadas frecuencias de un número reducido
de palabras abstractas.   ¿Tenemos derecho a hablar de una ex-
traordinaria pobreza léxica?   Creo que no.   En primer lugar, es
evidente que estos poetas no son unos medio-analfabetos, y en segundo lugar, es un hecho notorio que en las lenguas primitivas o
en las reducidas, como los idiomas pidgin, los elementos léxicos
que se echan de menos son precisamente los términos abstractos y
no los concretos.   Así, pues, nos cumple examinar no sólo la intención de nuestros autores, sino también el efecto del empleo de
este vocabulario reducido.

La reducción del número total de los vocablos empleados tiene
dos consecuencias distintas.   Sin excepción, las palabras tienen
que abarcar un campo semántico más amplio.   Por una parte —y
esto es lo que ocurre en las lenguas reducidas y defectuosas, o
en el habla de los niños— el significado de la palabra llega a
ser diluido, menos exacto.   Por ejemplo, en un pidgin auténtica-
mente primitivo encontramos que ni siquiera hacen falta palabras
que signifiquen "bueno" y "malo", pues "malo" se puede sustituir
por "no bueno".   "No bueno", entonces, se hace una locución com-
prensiva de no aprobación: "de calidad inferior", "inútil", "su-
perfluo", "roto", "enfermo", "difícil", "desagradable", "imposible", etcétera.   Pero por otra parte, cuando yace detrás de
un lenguaje poético reducido una lengua compleja, sutil,
desarrollada, una sola palabra puede adquirir una serie de
significados bastante bien diferenciados.   Esto permite el juego

de palabras, el eufemismo, el doble sentido
imposible en un idioma verdaderamente defectuoso.
secuencia es la ambigüedad, pero en los dos contextos del idioma
primitivo y del idioma literario son dos tipos de ambigüedad muy
diferentes.

Si en un pidgin primitivo digo que algo "no es bueno", digo
tan sólo que no me gusta, que no lo quiero: el oyente no va a
saber si es porque no lo necesito, porque me parece feo, porque
quiero algo superior, porque cuesta demasiado, etcétera. Y tampoco importa. Pero si un poeta cortesano idea el mote "En la
muerte está la vida", crea una ambigüedad que sí importa, pues
nos ofrece la posibilidad de interpretar el mote en unos sentidos
muy diferentes, entre los que nos será difícil escoger. Tampoco
nos es lícito optar por una u otra interpretación, pues no nos
conviene destruir el equívoco que el poeta ha construido cuidadosamente.

El mote este es de Diego de San Pedro, y vuelve a aparecer en
un contexto que apenas deja lugar a dudas, a saber en su
Sermón:[80]

> Si el suffrimiento cansare y os traxere a estado de muerte,
> no puede veniros cosa más bienaventurada, que quien bien
> muere, nunca muere; pues ¿qué fin más honrado espera
> ninguno que acabar debaxo de la seña de su señor por fe y
> firmeza y lealtad y razón? Por donde estava bien un mote
> mío que dezía: En la muerte está la vida.

Aquí alude, claro está, a la idea de que una muerte noble le confiere a la víctima la vida eterna de la fama, noción que se registra ya en Homero y luego en infinitos autores clásicos y
medievales. Quizás también se haga eco de Petrarca, que
escribió: "Ché bel fin fa chi ben amando more".[81]

Pero esto no es lo que dice el mote solo, que en el sentido
literal apenas admite más interpretación que la de que la muerte
significa el último remedio de los dolores que le han atormentado
en la vida. Además, dado que "la muerte" era un eufemismo

correntísimo por la culminación sexual y que nadie ignoraba que,
como remedio de las peligrosas angustias del deseo insatisfecho,
los mismos médicos recetaban la copulación, no nos es lícito
descartar el posible sentido erótico.

Una paradoja no es un disparate, tal como los que compusieron
varios poetas cancioneriles,[82] sino una aserción inverosímil, una
aparente contradicción, que hay que descifrar. Cuando un poeta
escribe —repito los ejemplos más obvios— "Muero porque no
muero" o "En la muerte está la vida", no se puede sacar sentido
ninguno de las frases si nos atenemos al sentido primario,
literal, de las palabras. Cuando se habla de morir y no morir,
de vivir y no vivir, es imprescindible optar por un sentido
metafórico, figurado, de uno u otro empleo de la misma palabra.
Repito: uno u otro. Es de suponer que cuando Santa Teresa y San
Juan de la Cruz echan mano a "Muero porque no muero" no tenemos
más remedio que aceptar que es el primer "muero" que nos conviene
interpretar en el sentido figurado.[83] Pero dudo mucho que sea
así en la poesía cancioneril. Cuando San Pedro nos ofrece para
descifrar "En la muerte está la vida", se echa de ver que podemos
leer o "En la muerte (literal) está la vida (metafórica)" o bien
"En la muerte (metafórica) está la vida (literal)".

La interpretación que nos intenta imponer él en el *Sermón* es
la primera: "En la muerte (literal) está la vida (metafórica)", y
nos explica que alude a aquella segunda vida de la fama de la que
nos habla Jorge Manrique en las famosas *Coplas*. A pesar de que
tales epigramas se prestan a diversas interpretaciones, ésta no
parece muy convincente: hubiera sido más persuasivo interpretar
"la vida" en otro significado metafórico, o sea, en el religioso,
como la vida verdadera, imperecedera, después de la muerte, que
entonces llega a ser la puerta del paraíso y de la salvación, y
el remedio de todas las tribulaciones de esta vida terrestre.
Pero también es posible que el mote —el mote independiente— se
interprete de la otra manera, y que el sentido metafórico debiese
corresponder con el primer elemento, con "la muerte". No cabe

duda de que muchas veces una paradoja no se puede descifrar en
más que un sentido, pero creo que entre los poetas cortesanos se
ve un deliberado intento de crear paradojas que se pueden
resolver de dos maneras distintas, ambas válidas y coexistentes.
La picante ambigüedad la buscan conscientemente.

Por importante que sea, el problema del lenguaje, que estriba
en la limitación léxica, no es más que un aspecto del problema
trascendental, el de llegar a una comprensión de los ideales estéticos e intelectuales de los poetas cortesanos de la época de
los Reyes Católicos. La restricción métrica, a la que he
aludido, nos proporciona otro indicio: se ve que gustaban de la
brevedad. "Los modernos gozan de la brevedad", decía Encina.[84]
Pero no se trata tan sólo de la brevedad, pues tanto Encina como
su amigo Nebrija querían que dentro de esta concisión hubiese
algo sustancioso, y rechazaron explícitamente la excesiva
ornamentación. "El guisado con mucha miel no es bueno", decía
Encina; hay que escribir "no de manera que sea la salsa más qu'el
manjar", dictaba Nebrija.[85] En resumidas cuentas, el ideal era
el concepto concentrado —"alambicado", según Menéndez Pelayo,
pero él usaba el vocablo en el sentido más peyorativo.
Recordemos una vez más las palabras de Gracián: "Las composiciones antigas ... todo lo echaban en concepto, y así están
llenas de alma y viveza ingeniosa". Aunque no sea exactamente lo
mismo que el conceptismo del XVII, no veo inconveniente en hablar
del conceptismo de la poesía de esta época, conceptismo que se
basa, más que en las relaciones ocultas entre las cosas —perlas,
rocío, lágrimas; pelo, oro, trigo— en la paradoja, en la
ambigüedad y el doble sentido, en la referencia oblicua, en el
decir callando y en el simple juego de palabras.

IV

EL CONCEPTISMO CANCIONERIL

Si nos vemos obligados a conceder que nuestros poetas apuntaban a
la concentración, la condensación y la brevedad, el género por
excelencia que encarna este ideal es el mote, el poema reducido a
un solo verso, a un solo octosílabo. Tendremos que volver a los
motes, pero como algunos son tan difíciles de comprender e
interpretar nos conviene dejarlos para más tarde. Sería inútil
pasar revista a todas las formas estróficas que emplean los
poetas cortesanos, pero merece la pena detenernos un rato en las
letras e invenciones.

La letra, invención o letra de invención —los términos son
equivalentes— consta de dos o de tres versos, ya octosílabos
simplemente, o bien octosílabos con un verso de pie quebrado.
Tienen la particularidad de que la gran mayoría eran divisas que
se llevaban bordadas o grabadas en la ropa o en las armas, por
ejemplo en el casco o en la vaina de la espada, y muchas veces
aludían al objeto o a su color. Aunque se puede sospechar que
existe cierta confusión en la terminología, un mote que tiene tal
referencia externa se califica de "letra". Sobre las letras se
ha escrito algo más que sobre los motes, poco pero bueno, y esto
último sobre todo en un artículo de Francisco Rico.[86] Existen
además varios interesantes tratados contemporáneos sobre el arte
de las invenciones, estudiados por los historiadores de la boga
del emblema, tales como Praz, Selig, McCready y Giuseppina
Ledda.[87] Aunque se deben a autores italianos, nos interesan

porque no sólo reconocen que se trata de la difusión por Italia de una moda hispánica, sino que aconsejan que las letras se compongan en castellano. Para decirlo con más exactitud, recomiendan (cito por la traducción quinientista de Alfonso de Ulloa) que "los motes de las empresas se han de hazer en lengua diferente de la que nosotros hablamos",[88] pero se ve que el idioma extranjero predilecto era el castellano. Esta regla —regla, pues uno de los tratadistas nota que "esta costumbre ... ha tomado fuerça de inviolable ley"— es algo curiosa, ya que no ignoran que "los cavalleros hespañoles todos o la mayor parte accostumbran ha hazer los motes de sus armas en su propia lengua".[89] Pues bien, las reglas italianas, si dejamos a un lado la que dicta que la letra se redacte en lengua extranjera, están basadas en el análisis de las letras castellanas de nuestra época isabelina-fernandina. Como en la *Poética* de Aristóteles, la teoría se extrae de la práctica anterior. Pero quisiera fijarme en sólo una de las reglas anotadas por Paulo Giovio (el mismo Pablo Jovio que escribió una biografía del Gran Capitán): "La invención o empresa, para que tenga buena gratia, es menester que ... no sea tan obscura que sea menester llamar la Sibila para entenderla, ni tan clara que qualquier hombre vulgar la entienda".[90] Así se define la letra ideal.

La verdad es que entre el corpus de letras castellanas las hay transparentes, como por ejemplo la que llevaba el condestable de Castilla, don Pedro Fernández de Velasco, que decía, según Hernando del Pulgar,[91] "Un bel morir toda la vida honra" —en la que sería perverso buscar algún sentido sexual oculto— y también las hay casi indescifrables, como una que compuso Nicolás Núñez para su continuación de *Cárcel de Amor*:[92]

> Si no tuviera la vida
> en tu muerte
> no me mostrara tan fuerte.

La lleva Laureola en "un manto de aletas verde y morado, bordado con unas matas de yervabuena", lo cual, para mí, no aclara nada el sentido, sino que complica aún más la interpretación. En otros lugares ya he debatido conmigo mismo distintas posibilidades de interpretación, ninguna de las cuales acaba de convencerme.[93] En su *Diálogo de la lengua*, Juan de Valdés decía que "en las invenciones hay qué tomar y qué dexar".[94] Sin duda tendría razón, pero a nosotros no nos es lícito "dexar" ninguna sólo porque no la entendemos. Es el estribillo del presente ensayo: la comprensión intelectual debe preceder a la valoración estética.

El valioso artículo de Rico, al que me he referido ya, estudia tres letras recopiladas por Hernando del Castillo, para demostrar que en todas existe un insospechado juego de palabras. Estamos frente a unos conceptos verdaderamente alambicados, pues en dos de estas divisas, llevadas por el Condestable de Castilla y por don Pedro de Acuña, ni siquiera consta la palabra con la que se juega. Los tres caballeros —agréguese el Vizconde de Altamira— llevaban un penacho, un adorno de plumas, en el casco. La invención del condestable rezaba:

> Saquélas del coraçón,
> porque las que salen puedan
> dar lugar a las que quedan.

Como ha demostrado Rico, la palabra que conviene suplir no es, desde luego, "pluma", sino "pena", probablemente lusismo respaldado por el italiano y el francés, que significaba —como significa todavía— a la vez "dolor" y "pluma". Debemos atenernos al contexto tanto como al texto. Quizás no haga falta llamar a la Sibila, pero es algo dudoso que el "hombre vulgar" entendiese estas letras, pues el préstamo léxico era reciente y muy literario. Con todo, aunque ya no nos plantea problema, es interesante notar que la ingeniosidad de los poetas cortesanos llegaba a tal extremo que sus .invenciones abarcaban el juego sobre una palabra que había que suplir. Ya vimos que Florencia

Pinar hizo lo mismo con sus perdices, que no se mencionan por su nombre en la canción; y otro ejemplo nos lo proporciona don Juan Manuel II en su romance "Gritando va el cavallero", sobre "su amiga / que murió sin la gozar", en que tenemos que deducir el nombre de la dama (Casta) de las alusiones a su castidad y las castañas de su corona.[95]   Y la ingeniosidad de algunos va todavía más lejos.

Más adelante trataré de las canciones y esparsas, tipos de poesía más extensa, aunque aún relativamente corta. Ahora sólo quisiera asentar una proposición que quizás no aceptarían muchos medievalistas: a pesar de todo lo que se ha escrito, sobre todo en años recientes, acerca de la maravillosa e intrincada estructura de las grandes obras medievales, sea *El cavallero Zifar*, sea el *Libro de buen amor*, si un poema largo no se ve sometido al control de un patrón que permite que el poeta adelante paso a paso, trabajando en unidades menores, notamos muy pronto cierta inseguridad: desequilibrio, desproporción, digresiones inconexas, falta de dirección. Las poesías largas mejor logradas suelen exhibir desnudo el andamiaje que las sostiene y orienta: el *Laberinto*, de Mena; *Los doze triumphos de los doze apóstoles*, de Padilla; los *Siete pecados*, de Mena y Gómez Manrique; las *Siete angustias*, de San Pedro; la *Vita Christi*, de Mendoza. No es tan sólo que se pueden dividir en unidades más pequeñas, sino que estas unidades se estructuran, con ligeras variantes, sobre el mismo plan. Es decir, se llega a construir muchas obras largas mediante la repetición de una fórmula que rige la estructura de los componentes menores. Pero en otras, pongamos por ejemplo el *Desprecio de la Fortuna*, de San Pedro, la sarta de cuentas consta de joyas cuidadosamente talladas y limadas, dispuestas en un orden caprichoso. En resumidas cuentas, tengo la firme impresión de que lo mejor de la poesía cancioneril hay que buscarlo o en los poemas cortos, en las canciones y las esparsas, o bien en estrofas aisladas de poemas más extensos. La poesía amatoria cancioneril es el arte

de la miniatura. Creo, además, que esto se explica, por lo menos
en parte, por los recursos a los que de preferencia echan mano.
Antes de examinarlos, cumple advertir a los lectores que lás
poesías que voy a citar las he escogido no como joyas poéticas,
sino tan sólo como muestras que ilustran, mejor que otras poesías
más complejas, algunos de los recursos de la poesía amatoria.

Un complejo de recursos retóricos, que sería muy largo tratar
en detalle, se puede agrupar bajo la rúbrica de "simbolismo". La
doctrioctrina de los *signa* la tratan todos los retóricos, desde
Cicerón, Quintiliano y el anónimo autor de la *Rhetorica ad
Herennium* hasta los teóricos medievales.[96] Un objeto concreto
designa una idea abstracta. Cicerón, por ejemplo, cita "'togam'
pro 'pace', 'arma' ac 'tela' pro bello".[97] Pero, como anota
Lausberg, el paso de la metonimia a la metáfora es fluido,
especialmente en la metonimia simbólica; y en nuestros poetas
cortesanos el simbolismo llega a ser algo más complicado que el
recurso retórico descrito por Cicerón. Lo que pasó en la Edad
Media es que mediante los bestiarios, los herbarios, los
lapidarios, los tratados de heráldica, a muchísimos animales,
pájaros, plantas, piedras preciosas, colores, etcétera, se les
atribuyeron cualidades particulares, de tal manera que llegaron a
ser casi emblemas de ciertas ideas. Ya vimos que en la poesía
amatoria cancioneril se mencionan raras veces objetos concretos o
colores; pero cada vez que leemos "rosa", "perdiz", "limón",
"hierbabuena", o bien "negro", "blanco", "amarillo", "verde", nos
conviene pensar en el valor simbólico del objeto o del color.

En la canción de las perdices de Florencia Pinar, el uso del
simbolismo, a pesar de que parece haber escapado a la atención de
muchos eruditos modernos, es más bien ingenuo. Los poetas de
cancionero, cuando emplean este simbolismo primitivo, suelen
preferir algo más complicado. La conocida canción de Nicolás
Núñez sobre el limón que pidió a su amiga empieza:[98]

> Si os pedí, dama, limón
> por saber a qué sabía,

> no fue por daros passión
> mas por dar al coraçón,
> con su color, alegría.

No hay contraste ninguno entre el sabor amargo del limón y su color, pues el amarillo simboliza la desesperanza y el sufrimiento. Así, pues, el que el color del limón dé alegría al corazón del poeta ya es una paradoja, paradoja que en la mudanza se subraya aún más:

> Ell agro tomara yo
> por más dulce que rosquillas

Pero el limón, símbolo de la muerte, de la tristeza y del desamor, también es un símbolo ambiguo, pues tiene ciertas propiedades medicinales, entre ellas la de quitar las manchas:[99]

> para sanar las manzillas
> que al gesto me las dio
> (de miedo no oso dezillas).

(La última quintilla introduce nuevos conceptos que aquí no vienen al caso.)

Ya comentamos muy someramente (pp. 42-43) la canción del mismo Núñez sobre la rosa que le dio su amiga. Los colores de la rosa son paradójicamente contradictorios. El verde de las hojas simboliza la esperanza, pero el blanco de la flor se la niega. La rosa misma es un símbolo ambiguo en la tradición medieval. Y fijémonos en el primer verso de esta canción:

> Rosa (si rosa me distes)

¿Cómo interpretar estas sencillas palabras? No es posible que el poeta quisiese decir que no sabía distinguir entre una rosa y una margarita. Sabe muy bien que es una rosa, la reina de las flores, que tiene múltiples propiedades casi milagrosas. Si duda si es una rosa, pues, tiene que ser porque no sabe si su amiga le ha ofrecido sólo una flor —el objeto concreto— o más bien un

símbolo, en el que está encerrado un mensaje que no sabe cómo
interpretar.

Y, finalmente, otro ejemplo del mismo Núñez: en la continuación de *Cárcel de Amor*, Leriano —ya convertido en espectro—
aparece al autor vestido de un sayo de terciopelo negro con "una
cortadura de raso del mesmo color", y bordada en la prenda está
una letra que reza:[100]

> En la firmeza se muestra
> mi mal y la culpa vuestra.

La superficial sencillez de muchos versos cancioneriles oculta
sutilezas: los leemos, los creemos comprender y seguimos sin dar-
nos cuenta de lo que se nos ha escapado. Aquí Núñez está
jugando con el valor simbólico del negro en tres tradiciones
distintas. En la heráldica, el negro (o sable) simboliza la
fidelidad y la lealtad, o, como dice Núñez, "la firmeza". El
terciopelo negro representa, pues, la constancia del amor de
Leriano. Pero el sayo tiene "cortaduras", o cuchilladas, bajo
las cuales se ve otra tela distinta, el raso, que en este caso
también es negro. Y en el arte y en la religión el negro
simboliza alternativamente el dolor y el luto (o sea, "mi mal"),
y el pecado, la mentira y la culpa (o sea, "la culpa vuestra").

El simbolismo que encontramos con tanta frecuencia en la
poesía popular medieval[101] (los ciervos, las tórtolas, las
fuentes, etcétera) es en la poesía cortesana un recurso primitivo
empleado raras veces. Lo interesante es que cuando se emplea, el
uso se complica casi siempre con la introducción de elementos
nada primitivos. Hemos visto en la letra del Condestable de
Castilla un juego de palabras sobre un vocablo que ni siquiera se
llega a pronunciar. En la poesía de Florencia Pinar ocurre algo
parecido, pues finge hacer todo lo posible para ocultar el
significado simbólico de las perdices. Es decir, ha construido
un poemita transparente, que se deja leer de la manera más
inocente, y en el que no es preciso ver otro significado. Sin

embargo, ahí está el simbolismo oculto ́que confiere otra
dimensión a la canción.   Nicolás Núñez echa mano al simbolismo
del limón, de sabor amargo y del color de la desesperanza, para
insistir que para él es el símbolo de la alegría.   En otros
versos juega con el simbolismo ambivalente de la rosa, y con los
distintos valores simbólicos del negro.   Se ve que los recursos
más elementales suelen ir asociados con tropos mucho más
ingeniosos, con el decir callando, con la paradoja y con la
ambigüedad.

Otro rasgo característico de la poesía de cancionero es la repetición de palabras.   No merece la pena estudiar la sencilla
anáfora que se usa y de la que quizás se abuse con cierta frecuencia.   Tampoco es necesario que nos detengamos mucho en el
sencillo juego de palabras homófonas, tal como la "pena" del
Vizconde de Altamira, que en palabras de Gracián sería "una
palabra de dos cortes y un significar a dos luces".[102] Pero como
juego de destreza se podría citar otra canción de Florencia
Pinar, en que el juego de palabras consta en el "ay",
interjección, y el "ay" (o sea, "hay"), verbo impersonal. Y aquí
conviene hacer constar tanto el original como una versión
editada: [103]

Ay que ay quien mas no biue
porque no ay quien day se duele
y si ay / ay que recele
ay vn ay con que sesquiue
quien sin ay beuir no suele

Ay plazeres ay pesares
ay glorias ay mil dolores
ay donde ay penas damores
muy gran bien si del gozares
aunque vida se catiue
si ay quien tal ay consuele
no ay razon porque se cele

               aunque ay con que sesquiue

               quien sin ay beuir no suele

Aunque en el contexto de la poesía cancioneril esta canción nos
parezca ingenua más bien que ingeniosa, no se puede negar que
cuesta un poco de trabajo descifrarla.   La interpreto así:

               ¡Ay!, que hay quien más no bive

               porque no hay quien d'"¡ay!" se duele;

               y si hay, hay que recele:

               hay un "¡ay!" con que s'esquive

               quien sin "¡ay!" bevir no suele.

               Hay plazeres, hay pesares,

               hay glorias, hay mil dolores,

               hay, donde hay penas d'amores,

               muy gran bien si d'él gozares.

               Aunque vida se cative,

               si hay quien tal "¡ay!" consuele

               no hay razón por qué se cele,

               aunque hay con que s'esquive

               quien sin "¡ay!" bevir no suele.

Algo más complicada es la paronomasia, la *annominatio* de los
tratadistas latinos, pues si el total de las palabras homófonas
castellanas tiene un límite fijo, la paronomasia ofrece opor-
tunidades muchísimo más amplias.[104]   Consiste en el juego de dos
o más palabras semejantes, que tienen casi todas las letras
iguales.   Un ejemplo típico de la figura es el conocido epigrama
italiano, "Traduttore, traditore" (que en castellano, "traductor,
traidor", ya no es, desde luego, paronomasia).   Su puede jugar,
por ejemplo, con "pensar", "pesar" y "penar".

Otra figura, algunas veces apenas distinguible de la *annomin-
tio*, es la *traductio*.   Consiste en el empleo de la misma palabra,
de sustantivo o adjetivo en distintos casos de la declinación,
o de verbo en distintos tiempos, personas, etcétera, de la

conjugación, como, por ejemplo, "no será visto el no verme".[105]
En un caso singular, en el que, como diría Gracián, la agudeza es
extremada, se pueden combinar las dos cosas. Los posesivos se
pueden declinar   —en castellano sólo según el genero y el
número— pero también se pueden conjugar. No es, claro está, la
conjugación conjugación; pero el posesivo tiene formas distintas
según la persona y el número.   Y no olvidemos la forma
interrogativa. Se ve en una canción bastante divertida de Lope
de Sosa, que voy a comentar en seguida, que compuso "porque su
amiga le dixo que quién era, que no le conoscía". Me he referido
ya al hecho de que no podemos estar siempre seguros de la
fidelidad de los epígrafes. Muchas veces, cuando encontramos una
poesía copiada en distintos cancioneros, vemos cambios en el
epígrafe, aunque éstos no se hallan en el texto mismo del poema;
y cabe sospechar que los compiladores, al dar con la clave de los
versos, añadían ellos un encabezamiento que los explicase. La
de Lope de Sosa quizás no sea la más apropiada para esta canción.
De todas maneras, se ve que el poeta había dicho a su amada que
era todo suyo, y ella le había contestado que a ella, por cierto,
no le pertenecía. Entonces él le formula la contrarrespuesta:
"¿Cúyo soy, si no soy tuyo? ¿A quién me diste?", y le dirige los
siguientes versos:[106]

¿Quién me recibió por suyo?
No só mío. ¿Cúyo só?
¿Cúyo só, señora, cúyo?
Si no me tienes por tuyo,
tu merced, ¿a quién me dio?

Si niegas a mí por ti,
por tuyo me recebiste.
Si dizes que me perdí,
has de dar cuenta de mí.
¿Cúyo só, o a quién me diste?

Que quien no es d'otro ni suyo,
no ay quien pueda sentir, no,
cúyo sea, si no tuyo.
¿Pueda ser, señora, yo,
tu merced a quien me dio?

Aunque la canción sea bastante sencilla, notemos una vez más que
el juego de palabras, "mío"-"tuyo"-"suyo"-"cuyo", va acompañado
del juego conceptual, conceptista, de la paradoja.

***

He hablado bastante de las canciones, y aún no he acabado, pues
para mí representan lo mejor que se escribió en la tradición poética amatoria cancioneril; pero esto es ya otra expresión de una
preferencia personal, y el ideal estético de nuestros trovadores
tardíos lo tienen que definir ellos, en parte por lo que dicen
los teóricos contemporáneos y en parte por las evidentes
preferencias de los poetas mismos. Entonces, como he insinuado
anteriormente, debemos reconocer la importancia de los motes.
Curiosamente, la gran mayoría de los eruditos que se han ocupado
de la poesía cancioneril no han prestado la más mínima atención a
los motes.

Menéndez Pelayo escribió lo siguiente: "Otro pasatiempo muy
análogo al anterior" (el anterior es el género de las letras e
invenciones) "es el de los *motes* glosados de damas y galanes, de
que hay en el *Cancionero general* bastante copia".[107] Punto
final. Apenas más copioso de palabras es Pierre Le Gentil, quien
nos dice: "Ce que l'on trouve aussi, ce sont des *motes*
indépendants, insérés à l'intérieur de poèmes longs ou servant de
thème, d'*estribillo*, à des *villancicos*".[108] Nótese aquí una
curiosa contradicción de la que no parece ser consciente: es
verdad que con gran frecuencia los motes se glosaron por otros
poetas, pero también es verdad que llevaron una vida independiente y que, si muchos motes quedan anónimos, no nos faltan
ni nombres de autores ilustres, como Jorge Manrique o Diego

de San Pedro, ni glosadores que deben contarse entre los mejores
talentos de la época: Jorge Manrique, Nicolás Núñez, Quirós,
Soria, Cartagena, el comendador Escrivá.

Algunos motes son —o parecen ser— bastante sencillos: "Mi
enemiga es la memoria", "En la causa está'l consuelo", "Yo sin
mí, sin vos, sin Dios",[109] "Contento con padescer", etcétera;
pero también hay varios que yo, por lo menos, no acabo de
entender completamente: "Menos y más olvidado", "No se pierde
aunque se pierda", "Es imposible y forçado", etcétera. Tiene
que haber algo allí que ahora se nos escapa. Pero la misma
sencillez de algunos motes también nos plantea graves problemas.
Considérese, por ejemplo, éste: "Nunca mucho costó poco". Es un
refrán antiguo que aparece en varios textos medievales, no sólo
en la *Celestina* sino en muchas obras anteriores.[110] Empero, en
el *Cancionero general* no sólo aparece calificado de "mote", sino
que, lo que es más importante, se atribuye a una distinguida
autora, doña Catalina Manrique, lo cual parece, a primera vista,
una bobada. ¿Quién le va a atribuir a cualquiera la autoría de
"Zamora no se ganó en una hora" sólo porque lo repite en alguna
ocasión oportuna? He aquí un problema que nos cumple ponderar.
No es imposible que hayamos perdido algo esencial, digamos un
extenso epígrafe que nos explicase las circunstancias en las que
el viejo refrán pareciese una salida verdaderamente graciosa por
parte de doña Catalina. Pero en realidad me parece muy poco
convincente esta hipótesis. No es nada inadmisible sospechar
que, en un contexto amoroso, "Nunca mucho costó poco" tiene un
significado —aparte del más obvio— que ya no entendemos. No
nos ayuda nada el que Cartagena le responde con otro mote, "Con
merecello se paga", pues aunque éste se deja interpretar en un
sentido erótico, no veo cómo conferir al mote original un significado oculto.[111]

Quizás lo más probable sea que los motes no constituyan un
corpus uniforme y que tengamos que dividirlos en dos grupos. Es
decir, habrá motes que son verdaderos epigramas originales, y

otros que no son más que puntos de arranque. Nos podríamos
figurar que la dama ofrecía el refrán, verso octosílabo
impecable, y además, por la antítesis y por el lenguaje
abstracto, idóneo en una poesía cancioneril, y decía: "A ver
quién me compone una canción incorporando este verso como
estribillo". Pero aun si nos vemos obligados, por ahora, a
aceptar esta inocua explicación, debemos andar con mucho cuidado
y aceptarla sólo como explicación provisional y no definitiva.

Estamos entre Escila y Caribdis. Por una parte, es sumamente
peligroso tratar de ingenua a la poesía conceptista cancioneril
y, por otra, corremos el riesgo de exponernos al ridículo al insistir en ver escabrosidades en versos totalmente inocentes. Sin
embargo, me voy a exponer al peligro. Considérese este otro epigrama, también atribuido a una dama de la corte, y glosado por
Soria: "Transeat a me calix iste".[112] (Nótese que hay que desha-
cer el hiato y leer "tránseat" como dos sílabas, pues el mote
funciona como verso octosílabo dentro de la glosa.) Nos plantea
el mismo problema. Son las palabras de Cristo en la oración del
huerto, registradas por San Mateo. En la traducción en verso de
Diego de San Pedro: "y que si possible fuesse, / no gustasse ni
beviesse / este cáliz de amargura".[113] Claro está que para nosotros resulta horriblemente blasfemo, como señala J. M. Aguirre:
"la irreverencia de Soria es extrema".[114] Pero no es imposible
que Soria lo haya hecho más inocente de lo que era, pues en su
glosa, por irreverente que sea, el cáliz es el "cáliz de
amargura", o sea, la muerte (muerte literal). Pero no sé si la
glosa explica el mote. ¿No será más que otro blasfemo paralelo
entre la Pasión de Jesucristo y la pasión amorosa? La
interpretación más obvia es que la dama desea librarse del amor
que la atormenta. Pero si es así, parece bastante flojillo como
epigrama, y cabe preguntar por qué, si son palabras de Jesucristo
(o de San Mateo) y si muchísimos motes son anónimos, se designa a
una autora; y hay que preguntar también si el hecho de que se
deba a una dama de la corte, y no a un caballero cortesano, tiene

algún significado. No es difícil sospechar que hay algo allí que
no hemos entendido y nos es casi forzoso pensar en el posible
doble sentido del mote.

En primer lugar, el mote nos recuerda toda la larga tradición
de la perversión, en sentido jocoso u obsceno, de frases
bíblicas, como en la parodia de las horas canónicas de Juan Ruiz.
¿Qué puede ser entonces aquel cáliz, aquella copa, que la dama
desea que se le quite? Falta documentación contemporánea; pero
en una letrilla obscena del siglo XVII, antes atribuida a
Góngora, se habla de "la toma de Calés", sinónimo en el poema de
"sarao francés" y "justa española", todas metáforas de la
copulación.[115] Aunque me lance a una especulación bastante
temeraria, aunque "Calés" no sea "Cáliz" (es decir, Cádiz) y
aunque en otra letrilla Góngora mismo usa "toma de Algecira(s)"
en el mismo sentido,[116] esta curiosa locución ("la toma de
Calés") carece de explicación convincente, a no ser que el
modismo original fuese "la toma de Cáliz" (nuestro seudo-Góngora
necesitaba una rima en "-eś"), en el que el inocente nombre
propio de la ciudad fuese homófono de una metáfora sexual que
existía, como diría Menéndez Pidal, en un "estado latente", usada
en el habla sin dejar huella en los textos escritos —o por lo
menos en los que conozco. Y si es así, es posible que nuestra
dama, como las muchachas de Juan Ruiz, "fermosas o feas, quier
blancas, quier prietas", que dicen "Converte nos" (en la
interpretación de Otis Green, "Conviértenos de doncellas en ex
doncellas"[117]), quiera insinuar, pero de la manera más ambigua,
que quizás esté dispuesta ya a sacrificar su virginidad. Desde
luego, no sería lícito insistir en tal interpretación, pues es
totalmente imposible probarla convincentemente, en primer lugar
porque los viejos diccionarios hacen caso omiso del sentido
escatológico de las palabras que registran, y en segundo lugar
porque los poetas cancioneriles mantienen esta ambigüedad de la
que ya he hablado más de una vez. Pero por estas mismas razones
tampoco es lícito rechazar contundentemente la sugerencia de que

existe en este epigrama algo más de lo se ha sospechado hasta ahora.

Nuestras dificultades las exacerba aún más el poeta Quirós, que escoge para glosar un mote compuesto por otro poeta conocido, Graviel (es decir, Gabriel) el músico. El mote reza: "No hay lugar teniendo vida".[118] Si el epigrama se toma en el sentido más inocente, se podría interpretar como una expresión de la falta de esperanza por parte de Gabriel: "No espero en esta vida encontrar manera de alcanzar tu favor", "Mientras viva no pienso ver correspondido mi amor", o algo por el estilo. Pero esta vez no nos vemos obligados a recurrir a textos muy posteriores para encontrar metáforas sexuales. Ya en el latín clásico, en Petronio, en Séneca, en Tertuliano, "locus" se empleaba "pro pudendis";[119] y aunque en español solemos encontrar el "lugar" calificado por algún adjetivo — "dulce lugar", "lugar escondido", "lugar secreto", "lugar" que se "visita"— se ve que la supresión del calificativo obedece a la necesidad de sostener la ambigüedad. El "lugar", no creo que necesite más anotación aclaratoria. ¿Y el "tener vida"? Esto es lo que antecede a la "muerte", y sabemos lo que significa —a veces— esta palabra. Gabriel, sexualmente excitado, no tiene quién le ofrezca alivio. En realidad, la lectura escabrosa del mote no contradice en modo alguno la lectura inofensiva. El músico enamorado —que, según las explicaciones que nos brindan los mismos poetas cortesanos, tiene que ser víctima del "deseo", del apetito sexual— no tiene ni esperanza de ver su amor correspondido ni de ver satisfechos sus deseos carnales. Quiero insistir en dos puntos. Primero, estoy muy lejos de afirmar que he dado con la explicación de este mote: hago tan sólo una sugerencia de interpretación. Pero, segundo, si el mote es totalmente inocente, quisiera que me explicasen los escépticos cómo puede ser que un poeta que tenía que saber las conotaciones sexuales de estas palabras las utilizó en un mote que tenía que resultar ambiguo. Pensándolo bien, me parece que estamos otra vez ante la jocosa ambigüedad de la poesía amatoria cortesana.

Veamos la glosa de Quirós a este mote de Gabriel:[120]

> La fe, de amor encendida,
> me tiene tan encendido
> que al remedio que se ha vido
> no ay lugar teniendo vida.
>
> Pues ved agora, si quiera,
> que tan mal, por vos, me quiero
> que ni con morir espero
> lo qu'en vida no s'espera.
> Assí que, con tal herida
> me tenéys tan mal herido
> que al remedio que se ha vido
> no ay lugar teniendo vida.

Nos plantea problemas todavía peores que el mote mismo. Si aceptamos provisionalmente una posible interpretación erótica del mote, vemos que en los primeros versos de la canción Quirós consigue mantener la ambigüedad y el posible doble sentido. El uso de las palabras "encendido" y "remedio" hasta refuerza la interpretación sexual. Pero el interpretar la canción entera en un doble sentido nos va a costar bastante trabajo. Desde luego sería posible pensar en que al poeta como a nosotros se le presentó la misma dificultad de sostener la posible doble lectura a lo largo de todo el poemita, y se echa de ver que prefería que quedase intacta la interpretación inocente. Pero a mí Quirós se me antoja uno de los más listos, sutiles y competentes de los profesionales de la época, y si no consigue sostener la lectura ambigua será porque no quiso. Otra vez tengo que anticiparme algo, pero los poetas cortesanos disponen de otro recurso, totalmente desatendido por los críticos, que va a constituir el tema del capítulo que sigue: aunque el equívoco inicial se tiene que abandonar luego, ya ha logrado conferir a la poesía cierta insinuación erótica.

V

LA DEFRAUDACIÓN DEL LECTOR

En 1580 se editó en París *Quarenta aenigmas en lengua espannola*.[121] Es muy probable que el autor fuese español, Alexandro Sylvano, pero de su vida apenas sabemos nada, y sus escritos los firmaba también como Alexandre Sylvain y como Alexander van den Bussche. Las cuarenta adivinanzas constan de nueve originales suyas y treinta y una traducidas del francés o del italiano, la gran mayoría de Straparola.[122] En la dedicatoria del libro, redactada en francés, nuestro autor dice:

Je n'ignore que plusieurs estiment que la beauté des Aenigmes consiste en ce qu'en apparence elle soit lascive ou deshonneste, & que la signification soit tout autre.

Pero, puesto que él enseña castellano a las infantas de la casa real francesa, agrega que las suyas son todas decentes. Lo que se confirma con su lectura.

Más interesante todavía es la definición de la adivinanza que ofrece Giovanni Bargagli en 1575:[123]

Nel giuoco già detto degl'indovinelli ... accioche maggior sia il diletto, sapete che si propongono dubbij in rima, & che nel primo aspetto loro mostrino qualche cosa poco honesta di significare, accioche maggior poi si renda nel sentire, che convenevol cosa, & da quel che sonava lontana in se contenevano.

Y algo más temprano, en 1547, Angiolo Cenni aseguraba a sus lectores:[124]

Appresso se in esse ti paresse alcuna volta narrazione di
cose vituperose e inoneste, per levarti quella oscurità ti
affermo come prima non ci esser alcuna cosa se non
onestissima.

Me he detenido en estos italianos no porque el fenómeno no se
dé en castellano, sino porque los españoles lo hacen sin entrar
en definiciones, explicaciones o disculpas. Adivinanzas aparentemente obscenas las compusieron varios autores anónimos, pero
también otros tan conocidos como Sebastián de Horozco. [125]

En muchas lenguas y en muchas épocas se encuentran ciertos
recursos que se podrían agrupar bajo la rúbrica de recursos
destinados a defraudar, por motivos festivos, las sucias
expectativas de los lectores u oyentes. Parece que entre los
retóricos carece de nombre específico, pues el de *ambiguitas* lo
tenemos que rechazar por demasiado amplio. En una forma
realmente bastante primitiva, el recurso se presenta en las
adivinanzas y llega a formar una categoría de adivinanza un poco
especial.

Los *aenigmata* no suelen ser, ni deben ser, fáciles de
resolver. Cicerón nos dice que, aunque en la alegoría en general
conviene renunciar a la oscuridad, no es de evitar en el
subgénero de los *aenigmata*, mientras Quintiliano define el
aenigma como alegoría oscura. [126] Sin embargo, ciertas
adivinanzas, las que nos interesan ahora, parecen ofrecernos una
solución transparente. Para demostrar a la vez la naturaleza y
la antigüedad del fenómeno, citaré sólo dos de las siete obscenas
que hay entre las 95 contenidas en el famoso códice anglosajón
conocido como *El libro de Exeter* y conservado actualmente en la
biblioteca universitaria de esta ciudad. [127] Las originales están
en verso y las traduzco como sigue (asegurándoles a mis lectores,
como Cenni, que no describen nada deshonesto):

Algo extraño está colgado junto al muslo de un hombre,
oculto bajo la ropa. Por delante tiene un agujero;
es fuerte y tieso; y está fijo en su lugar.

Cuando el hombre levanta la ropa
muy encima de la rodilla, quiere visitar,
con la cabeza de este instrumento colgado, el hueco conocido
que, de una extensión igual, ha llenado muchas veces antes.

Y la segunda:

Soy un bicho extraño, pues satisfago a las mujeres
y sirvo a las vecinas. No agravio a nadie
sino a quien me da la muerte.
Crezco muy alto, erguido en la cama.
Abajo soy peludo. De vez en cuando
una muchacha hermosa, hija valiente
de algún patán, se atreve a tomarme entre sus manos,
a tocar mi piel bermeja, a robarme la cabeza
y a meterme en su despensa. Y la muchacha
del pelo trenzado, la que me ha encerrado,
no se olvida de nuestro encuentro y me recuerda con lágrimas.

Los comentaristas, pues el copista anglosajón no se ha
molestado en resolvernos los enigmas, han optado por las
soluciones, que cuadran perfectamente, de "una llave" y "una
cebolla". (Debo confesar que no encontré manera de sostener en
la segunda la ambigüedad, el doble sentido, de la palabra
anglosajona e inglesa, que significa tanto "cama" como "macizo",
"arriate".) El poeta ha hecho todo lo posible para despistarnos,
y sin embargo sabemos que tenemos que rechazar la respuesta más
obvia, por dos razones distintas. La primera es que si la
solución fuese realmente "miembro viril", el enigma no sería lo
bastante "oscuro" para merecer tal marbete; y la segunda es que
nos es imposible aceptar lo descarado de la respuesta exigida.
En palabras de Gracián, nos encontramos ante "una repugnante
imposibilidad".[128] (La frase es útil, si bien para él "repugnante" no quería decir, necesariamente, más que "contrario a la
lógica".)
Este recurso tan primitivo, que tiene en sí el valor literario

de un chiste verde, sigue apareciendo en toda la literatura culta de la Europa renacentista.[129] Nos tiene que extrañar el que un cultivado humanista como el cardenal Bembo se dedicase a componer adivinanzas obscenas, o que ya avanzado el siglo XVII el fino poeta cortesano inglés, Sir John Suckling, fuese capaz de intentar, una vez más, poner en verso la antigua y escabrosa "adivinanza del cirio".[130] En efecto, se podría reunir una nutrida colección multilingüe de las adivinanzas aparentemente obscenas cuya solución es siempre una vela. Tampoco faltan en español. En el "Libro de diferentes cosicosas" encontramos el siguiente ejemplo:[131]

> ¿Cuál es la hembra que lo tiene
> peludo por la una parte,
> y por la otra de tal arte
> que al macho encajarlo viene?
> Porque es muy liso y redondo,
> y, aunque de una tercia en largo,
> en el macho, a lo más largo,
> entra tres dedos de hondo:
> allí comiença a vivir,
> y a vezes no vive un hora,
> que tanto del aire llora
> que la anticipa el morir.

En la literatura medieval española no escasean las adivinanzas inocentes, desde las de Tarsiana en el *Libro de Apolonio*,[132] pasando por poetas como Francisco Imperial, Alfonso Álvarez de Villasandino y Juan de Mena, hasta el *Cancionero general*. Pero en España, a partir del *Cancionero de Baena*, encontramos una variedad interesante, pues la mayoría tienen la forma de la pregunta y respuesta, género poético muy difundido en el que la pregunta no tiene que ser necesariamente una adivinanza. La respuesta suele ser, aunque no siempre, de otro poeta, que según las reglas del juego, está obligado a contestar empleando las mismas rimas.

En el *Cancionero general*, en la sección de preguntas y respuestas (ff. 150v-60r), entre las muchas preguntas que sólo plantean algún problema sentimental, por ejemplo, si es peor el dolor de la ausencia de la amada o el del amor no correspondido, encontramos verdaderas adivinanzas, que en las respuestas tienen soluciones tales como "un reloj", "el trigo", "el tiempo", "la llave de una ballesta". No hay más que una medianamente sospechosa, que empieza como sigue:[133]

> ¿Quál es la cosa qu'engendra y es biva,
> y después de muerto bevimos con ello?

Nótense bien dos cosas: ésta es una de las poquísimas preguntas que quedan sin respuesta; y está atribuida a Quirós, uno de los poetas más francamente sensuales de la época. Me imagino que la solución "correcta" es "la tierra", pero apenas cabe duda de que tiende a provocar una respuesta obscena.

Si el recurso se define tan sólo como un intento de despistar a los lectores y sugerirles una lectura obscena cuando la que ofrece el malicioso autor es aparentemente inocente, esta clase de defraudación no se limita a la metáfora y se puede conseguir por distintos métodos, en los versos y canciones, por ejemplo, animando al oyente a esperar como rima alguna palabra tabú. En el *Cancionero musical*, impreso por Barbieri, se puede leer un cantarcillo obsceno de ocho estrofas, del que, sin querer seguir a Barbieri en proferir disculpas, no quiero citar más de un par de versos:[134]

> Una mozuela de Logroño
> mostrado me había su co...
> po de lana negra que hilaba.

Aquí me quiero concentrar en la metáfora, de la que en la teoría retórica clásica, son sub-categorías la alegoría y la adivinanza. Pero me ocuparé en primer lugar de otra poesía de Quirós.

Antes de abordar el comentario de la obrita, tengo que
reconocer lo que debo a A. J. Foreman que, bajo la dirección de
A. D. Deyermond, escribió una valiosa tesina sobre la vida y obra
de Quirós. Primero en un capítulo de la tesina, y luego en un
artículo que quedó sin editar, emprendió el análisis de "Es una
muy linda torre", poema importante de 220 versos.[135] En el
Cancionero general lleva un epígrafe que conviene citar por
extenso:

> Aquí comiençan las obras de Quirós, y esta primera es una
> que hizo a una señora porque se burlava de los que dizen
> que se mueren de amores y que están muertos, no creyendo
> que tenga amor tanto poder de matar a ninguno.

En el sentido literal es una descripción del sitio y asalto de
una "torre", un pequeño castillo; en el sentido figurado, Quirós
imagina cómo la dama, que tanto desprecia el poder del amor cae
ella misma víctima de la pasión. Pero Foreman, influenciado
—quizás demasiado— por unos trabajos míos, quería que hubiese
también otro nivel, y que la metáfora del asalto fuese a la vez
la alegorización de un encuentro sexual, y que Quirós estuviese
dando a entender a la dama no sólo que no sabía nada de lo que es
el amor-pasión sino que la señora, como virgen, también era
incapaz de figurarse lo que es el amor sexual. La alecciona: "Es
amor un ombre gordo, / ciego y sordo".[136] Sin embargo, en un
trabajo sumamente honrado, Foreman tiene que concluir confesando
que, hacia el final del poema, no entiende bien lo que está
pasando y que no encuentra adecuadas ni plausibles correspondencias entre los detalles de la batalla alegórica y el acto
sexual. La hipótesis mía será que hacia el final ya no existen,
y que nuestro ingenioso y malicioso poeta ha querido dejar
confuso y defraudado al lector después de haber hecho todo lo
posible para despistarle. Tampoco creo que se puedan distinguir
tan nítidamente los tres niveles. Veamos.

Primero, Quirós mezcla la *allegoria imperfecta* con la *perfecta*: es decir, de vez en cuando utiliza la personificación,

allegoria imperfecta, para orientar a sus lectores.[137] La torre
es la Discreción y el Saber; Razón "la socorre / quando se quiere
perder"; y a la batalla asisten Hermosura, Valer, Libertad,
Coraçón, etcétera. Pero gran parte de los detalles constituyen
una *allegoria perfecta*, o sea, carecen de marbete explicativo, y,
al contrario del procedimiento de Berceo en la introducción a *Los
milagros de Nuestra Señora* o de San Pedro en los primeros
capítulos de *Cárcel de Amor*, Quirós no se molesta en agregar
explicaciones. Es de sospechar, sin embargo, que, como en el
símil heroico u homérico, no debemos ni siquiera intentar buscar
correspondencias exactas para todos los detalles. Si Amor
empieza a "tirar tiros" para derribar el muro, no es necesario
interpretarlo —creo yo— sino en el sentido más amplio y vago, y
esto a pesar de los conocidos y antiguos significados obscenos de
"tirar" y "tiro". Pero luego, para complicar aún más la
interpretación de estos versos, Quirós se mueve entre el plano
alegórico y la realidad, pues entre las tropas de don Amor
figuran los amadores, pretendientes de la dama, que la asaltan
con sus suspiros; y encontramos muy pronto que la torre no es tan
sólo la Discreción y el Saber de la senora, sino ella misma. Al
principio ésta está dentro de la torre: en la estrofa tercera,
"soys vos en la fortaleza / tan señora y tan sabida"; en las
estrofas de en medio puede haber cierta ambigüedad: "Assí, torre
de omenaje, / n'os penséys defender / con hermosura y valer";
pero tenemos un "vos variable", pues al llegar a la estrofa
catorce, y quizás antes, tanto el "vos" como la torre asaltada no
pueden ser sino la dama, quien, ya conquistada, se echa a llorar:

> ¡O qué risa!
> ¡Cómo seré rey en Frisa
> quando os viere sospirar
> y llorar
> y alimpiar con la camisa!

Al final del poema la alegoría se desvanece y el autor dirige la palabra sólo a la dama, pidiéndole que no se burle de su pasión y empleando el lenguaje tradicional de la poesía amatoria cancioneril al hablar de la muerte viva que le ocasiona el tormento del amor no correspondido.

No puede caber la menor duda de que la torre ·tiene dos significados, que en los versos iniciales representa la psique de la dama, pero que termina representando a una mujer de carne y hueso, capaz de limpiarse con la camisa. Pero mucho antes de que nos demos cuenta de que Quirós ha cambiado el significado alegórico de la torre, notamos que el poeta está empezando a insinuar otra interpretación, mediante metáforas sexuales abundantemente atestiguadas en textos nada ambiguos: nos está sugiriendo que el asalto intelectual y emocional del castillo de la Discreción se semeja a una violación física de la dama. En la estrofa inicial no nos es lícito buscar una interpretación obscena de la alegoría, pues Quirós nos dice a las claras que la torre es la de la Discreción y el Saber de la dama; pero muy pronto las insinuaciones van acumulándose y —cabe insistir en este punto— llegan a traslapar el cambio de la torre psicológica a la torre corporal de la señora. Nos encontramos con una "puerta escondida", que en la poesía erótica española no tiene más que un sentido.[138] El "tentar el muro", "el tirar", la "frecha", "la cava", la "mina", para citar sólo las principales, son todas posibles metáforas sexuales. Y en la estrofa décima, cuando Quirós escribe que

> Amor hará una mina
> y ganará con sus mañas
> las entrañas

la torre alegórica ya está en un estado de transición entre mente y cuerpo, sin que sepamos interpretar con exactitud la alegoría.[139]

La ambigüedad sale resuelta antes de acabarse la obra, pues el poeta, fantaseando, ve a la señora conquistada por la pasión,

muerta de celos y plenamente consciente del poder del amor; y
todas las anteriores lamentaciones de la dama, que podrían
haberse interpretado como las quejas de una doncella violada,
resultan ser nada más que el lamento de una mujer enamorada. Si
intentamos interpretar todo el poema en el tercer nivel de
Foreman, nos vamos a quedar, como él, confusos. Sin embargo, no
creo que sea posible pasar por alto las consagradas y
consuetudinarias metáforas sexuales que emplea Quirós, y de éstas
no encuentro más explicación de la que he pretendido ofrecer
aquí: la de que Quirós ha echado mano al antiguo recurso de la
defraudación del lector.

Sin embargo, conviene matizar un poco esta conclusión. En
general, este recurso —bastante primitivo— consiste en que un
poeta socarrón juega con los lectores en una especie de erotismo
al revés: el poeta se queda con el decoro y los lectores con la
indecencia.[140] Lo más común, como en las adivinanzas
anglosajonas que cité al principio del capítulo, es que el objeto
indecoroso se describa en términos concretos. En Le piacevoli
notti, de Giovanfrancesco Straparola, la solución aparente de
"miembro viril" se insinúa en nada menos que quince adivinanzas,
cuyas verdaderas soluciones son objetos como una vela, una gaita,
un halcón, una mano de almirez, un guante, una llave, un laúd,
una pluma, un zapato, una jeringa, una trompeta, un calentador de
cama.[141] Los objetos concretos e inocentes se describen en
metáforas; el miembro viril se describe casi literalmente. El
procedimiento de Quirós es todo lo contrario, pues describe
literalmente el sitio y el asalto de un castillo en términos
militares que parecen ser metáforas que describen un encuentro
sexual. Esto es erotismo, y no erotismo al revés. Claro está
que, como he querido explicar, Quirós nos deja defraudados. Pero
no creo que quisiese burlarse ni de su lectora ni de nosotros.
La poesía no es una broma, ni en la intención total ni en el
sofisticado empleo que hace del antiguo recurso de la defraudación del lector.

Permítaseme inventar una pequeña escena que ejemplifique lo que quiero decir: "inventar", aunque sea difícil creer que no haya pasado centenares de veces. Un hombre invita a una chica a cenar: comen, beben, charlan, quizás bailan, y por fin el hombre le dice: "Se está haciendo tarde; vamos a la cama". La mujer se ofende. "No, no", le dice su acompañante: "Quería decir cada uno a la suya". Ahora bien, esto no es una broma. El hombre, si no ha logrado seducir a su invitada, sí ha conseguido algo: ha conseguido insinuar una idea, hacer que la mujer haya por lo menos pensado en una sugerencia sexual, y hacerla hablar, aunque sea sólo de la manera más indirecta, de su posible unión física. De una manera semejante, como señaló Foreman, Quirós, con su alegoría sugestiva, no sólo ha dicho a la dama —y sin equívoco— que ella no sabe ni el abecé de la pasión amorosa, sino que también ha conseguido insinuar —sin decirlo— que en cuanto al amor sexual, la dama está *in albis*. No importa el que no se sostengan las metáforas sexuales: el resultado es igual. Mejor dicho, al abandonar, o al imposibilitar, una interpretación sexual sostenida de sus metáforas, el poeta, no sin cierta malicia, se ha librado de quedar acusado de indecencia. Aunque la ambigüedad se resuelva inofensivamente, antes de esto el poeta ha conseguido su propósito.

VI

"EL MAYOR BIEN DE QUEREROS"

Sólo ahora, armados con cierta comprensión del velado erotismo de la poesía amorosa cancioneril, y de los recursos predilectos de nuestros poetas —la paradoja, la ambigüedad, la insinuación— estamos preparados para el intento de interpretar la canción de Diego de San Pedro, "El mayor bien de quereros" (ya citada en la p. 16), que a Baltasar Gracián le dejó pasmado.

¿Por dónde empezar? Leerla y volver a leerla aprovecha poco. Durante algunos años hablé de esta poesía con varios colegas y me parece que la experiencia común era que creíamos captar el sentido y que luego se desvanecía. Una vez Francisco Rico se quejó de la prosa de San Pedro, calificándola de "delicuescente";[142] pero si la prosa es delicuescente, el lenguaje de esta canción lo es en un grado todavía más elevado. No obstante, podemos estar seguros de que tiene sentido, pues tenemos la garantía de Gracián, que nos advierte tan sólo que "pide mucha atención para ser percibido".

He citado el texto de la canción tal como aparece en el *Cancionero general* (f. 124v) y tal como llegó a Gracián. En la tradición textual, si descontamos el hecho de que el "perdiendos" del verso quinto llegó a imprimirse como dos palabras, "perdiendo os", no encontramos variante ninguna. No omití acentos y puntuación para dificultar la comprensión del poemita, sino sólo para no prejuzgar cualquier problema; pero en realidad, la estructura sintáctica de estos versos no es nada ambigua, y

apenas es preciso insertar la puntuación. lgualmente no tenemos
problemas con los acentos: en el verso quinto hay que leer "gano"
y no "ganó", pues hace rima con "vano"; en el verso sexto la
sintaxis exige "lastimó" y no "lastimo"; y en el verso séptimo
está claro que "mas" no es el adverbio comparativo, sino la
conjunción adversativa, equivalente a "pero". La versión editada, entonces, es como sigue:

> El mayor bien de quereros
> es querer un no quererme,
> pues procurar de perderos
> será perder el perderme,
>
> no porque perdiend'os gano
> lo que lastimó el perder,
> mas mi buen servir en vano
> morirá, muerto el querer.
> Assí que, viendo el no veros,
> no será visto el no verme,
> pues procurar de perderos
> será perder el perderme.

Gracián, que por cierto no era tonto, insiste en que esta
canción necesita "mucha atención": no se trata de unas "agudezas
de sarao palaciego, tan pronto dichas como olvidadas", como decía
Menéndez Pelayo. No es literatura oral, como podrían ser las
poesías de Juan del Encina; y a pesar de lo que dicen ciertos
manuales muy difundidos, me parece totalmente imposible que esta
canción se escribiese para cantar.[143] Es decir, estoy convencido
de que estos versos no resultaban más inmediatamente inteligibles
a los contemporáneos de San Pedro que a nosotros. Ellos también
tendrían que prestarles "mucha atención".

En la tradición literaria europea hay varias clases de poesías
enigmáticas: las adivinanzas mismas, los versos acrósticos, los
versos que se pueden puntuar de dos maneras distintas para dar
dos sentidos distintos,[144] etcétera, y no dudo que a la dama

recipiente de la poesía así como a nosotros, San Pedro nos ha querido desafiar. No veo más remedio que tratarla como una especie de criptograma que nos plantea el problema del desciframiento; y no hay que despreciar los procedimientos puramente mecánicos de los criptógrafos. Ya vimos que en la "canción de los ayes" de Florencia Pinar el problema que nos plantea se soluciona nada más probando por turnos interjección y verbo.

En esta canción de San Pedro lo que más nos llama la atención es la repetición de ciertas palabras. Vemos "quereros", "querer", "quererme", "querer"; "perderos", "perder", "perderme", "perdiendo", "perder", "perderos", "perder", "perderme"; "morirá" y "muerto"; y "viendo", "veros", "visto" y "verme". Si quisiésemos descontar las partículas —los artículos, los pronombres, la cópula— el 66 por ciento del vocabulario empleado lo componen sólo cuatro verbos, por supuesto con cierta sustantivación de los infinitivos. Es una verdadera hazaña. Pero lo curioso es que Gracián ni siquiera alude a esta parquedad léxica, sino que se propasa en alabar el amontonamiento de paradojas. Es decir, aunque nos tendremos que detener en la elucidación de los distintos significados en los que San Pedro emplea estas palabras, la ornamentación retórica es lo de menos, y lo importante es el conceptismo. Mejor dicho, la ornamentación no es la pura decoración que encontramos en algunas poesías cancioneriles, sino que contribuye en gran medida a velar el sentido así como a construir las paradojas: "será perder el perderme", "no será visto el no verme", etcétera.

Si echamos un vistazo al *Diccionario de la Real Academia Española* —y enfrentados con tal problema no nos conviene despreciar ninguna clase de ayuda— encontramos que éste distingue entre 10 significados de "querer", 25 de "perder" y "perderse" y 19 de "ver" y "verse". Y se echa de ver, desde los primeros versos de la canción, que San Pedro, al repetir la misma palabra, la emplea en sentidos diferentes. El "querer" del

primer verso, por ejemplo, equivale a "amar", mientras el primer
"querer" del segundo tiene que ser "desear", "pretender" o
"procurar". No voy a copiar las largas listas de definiciones
que nos proporciona la Real Academia, pues ocupan varias extensas
páginas. Sólo quiero insistir en que tenemos que estar alerta a
los posibles significados distintos, en que con gran frecuencia
la paradoja, la aparente contradicción, depende de que se lean
las palabras en distintos sentidos y en que muchas veces los
poetas cortesanos no se comprometen a un solo significado, sino
que sostienen simultáneamente dos posibles interpretaciones.

Para que se entiendan versos de esta clase es indispensable
que empecemos bien orientados; y no habría solución a nuestro
problema si el amable San Pedro no nos hubiese indicado el
camino. Así, pues, el primer verso realmente no nos plantea
problema ninguno: "El mayor bien de quereros" no puede significar
sino "Lo mejor de amarte", "El beneficio más importante que
recibo de estar enamorado de ti". Sabemos, por lo menos, que
tenemos que ver con una poesía amorosa dirigida a una dama. Y
podemos seguir con una versión aproximada del segundo verso: el
"es querer un no quererme" tiene que interpretarse como "es que
no quiero nada para mí mismo", "me abandono complaciente al
sufrimiento", "ya no me preocupo por lo que me puede pasar", "me
entrego gustoso a la abnegación total", o algo por el estilo. Es
un lugar común de la poesía amatoria cancioneril: los deseos del
amador se concentran en lo que desea la amada. Según San Pedro
mismo, el buen amador "quiere lo que ella quiere";[145] no piensa
en su propio bienestar. El verso es notable sólo por la
condensación del concepto y su expresión mediante la sencilla
repetición y negación de la misma palabra.

Pero el sentido de la canción se va oscureciendo, y al llegar
al tercer verso nos encontramos ante una bifurcación del camino.
Como veremos luego, aunque por fin tendremos que encontrar una
interpretación inocente de este verso, buscando un sentido muy
poco frecuente y algo forzado de "perder", el sentido más obvio,

que en la lista de la Academia consta entre los primeros, es el
de "ocasionar a uno ruina o daño en la honra". (El corres-
pondiente sentido intransitivo, algo más explícito, es el de
"padecer uno daño o ruina espiritual o corporal, y especialmente
quedar sin honra una mujer".)   Está claro que el verso admite
más de una interpretación, y que en un sentido inocente podría
leerse como "el intento de olvidarte", "si tratase de deshacerme
de ti". Pero, por una parte no puede caber la menor duda de que
estamos ante un verso ambiguo, que tiene al menos dos
significados distintos, significados tan opuestos como para
hacernos vacilar; y, por otra parte, tampoco nos es lícito dudar
que la interpretación que saltaba a la mente del lector antiguo
sería el primero: "si consiguiese poseerte sexualmente". Y el
verso que sigue no contradice en nada esta interpretación. "Será
perder el perderme" se puede leer como "esto significaría el fin
de la desorientación en la que me hallo", "entonces me vería
libre de la obsesión que me acosa". Ya se sabe que todo esto
cuadra perfectamente con la teoría del amor cortés. Y por si
acaso queda algún escéptico, conviene mirar cómo analizó esta
canción Baltasar Gracián.

En el Discurso XXV de la *Agudeza* elogia mucho otra canción de
San Pedro, utilizándola para castigar a los poetas de su propia
época. Escribió lo siguiente: "Las composiciones modernas ...
toda su eminencia ponen en las hojas de las palabras, en la
oscuridad de la frase, en lo culto del estilo, y así, no tienen
tanto fruto de agudeza: ¿Qué más ni qué mejor se pudo decir de
lo que dijo en esta redondilla Diego de San Pedro?", y cita luego
los primeros versos de la canción que empieza, "En mi grave
sufrimiento".[146] Aquí no me voy a detener en esta canción: lo
que quiero subrayar es que en la clasificación de Gracián, ésta
no pertenece a la misma categoría que "El mayor bien de
quereros". El Discurso XXV, el que he estado citando, trata de
"Los conceptos en que se pone algún hecho o dicho disonante, y se
da la equivalente y sutil razón". Es decir, trata de los

conceptos que parecen ser paradójicos, y que luego se explican,
sutil y graciosamente, más tarde en el poema. Pero Gracián habla
de "El mayor bien de quereros" bajo otra rúbrica, en el Discurso
XXIV, titulado "De los conceptos por una propuesta extravagante,
y de la razón que se da de la paradoja".[147] Él mismo nos explica
en seguida lo que quiere decir, comentando: "A este linaje de
conceptos dieron nuestros antigos españoles la palma de la
sutileza... Consiste su artificio ingenioso en una proposición
que parece dura y no conforme al sentir, y dase luego la razón,
también extravagante y tal vez paradoja". Y al hablar de "El
mayor bien de quereros" agrega lo siguiente: "Se halla la
disonancia paradoja, y se dobla entonces la agudeza... Tienen
estos pensamientos de sutiles y primorosos lo que tienen de
metafísicos, y como incluyen una repugnante imposibilidad,
comúnmente piden mucha atención para ser percibidos".

En realidad, el lenguaje de Gracián es tan especializado que
llega a ofuscar la sencilla explicación que deseamos encontrar, y
las distinciones suyas no resultan mucho más fáciles de entender
que las poesías que cita para ilustrarlas. Sin embargo,
concentrémonos en cuatro puntos básicos. Primero, la canción
empieza con una propuesta, o una proposición, extravagante y
quizás paradójica; segundo, la explicación que se nos ofrece
luego es también paradójica e incluye "una repugnante
imposibilidad"; tercero, "se dobla la agudeza" por la aparente
"disonancia" entre estas dos proposiciones; pero tenemos,
finalmente, la garantía de que, aunque nos cueste trabajo
comprender plenamente el sentido del poema, al seguir leyendo y
pensando "con mucha atención" vamos a dar con una solución
lógica.

Pues bien, la primera proposición sí podría calificarse de
extravagante y quizás paradójica: el enamorado poeta, que tiene
que estar sufriendo las inevitables angustias del enamoramiento,
encuentra consuelo en el hecho de que se ha entregado a su amada
de tal manera que, como Lope de Sosa, ya no es nada suyo y no le

importa lo que sufre. Ofrece luego una chocante explicación de
esta proposición: si consiguiese deshacerse de su obsesión
mediante la posesión sexual de su amada — deshonrándola,
"perdiéndola"— esto significaría el final de la desorientación
en la que se halla. "Será perder el perderme": volvería a
pertenecerse a sí mismo.

Pero, ¿qué clase de explicación es ésta? Existe la más clara
"disonancia" entre las dos proposiciones. En primer lugar, si,
como nos ha dado a entender, está tan perdidamente enamorado de
la dama que no quiere sino lo que ella quiere y que no le importa
su propio sufrimiento, ¿cómo se le ha ocurrido pensar en
perjudicar a su adorada? Parece una repugnante imposibilidad. Y
en segundo lugar, no constituye una explicación de la primera
proposición, pues no se ve la conexión lógica entre una y otra.

Al seguir leyendo, encontramos en la mudanza ciertas
aclaraciones. Los primeros dos versos todavía son, hasta cierto
punto, ambiguos, pues se podrían leer como una afirmación de que
el poeta, al "perder" a su amada no va a recobrar lo que ha
perdido ya. Pero también nos ofrece una explicación de lo que
quería decir con con aquel "perder el perderme". Lo de que el
"procurar de perderos / será perder el perderme" no significa que
al "perderla" él va a salir ganando, sino que, muerto su amor,
todo su leal servicio habrá sido inútil y vano. Lo resume todo
en los primeros dos versos de la vuelta: "viendo el no veros, /
no será visto el no verme". Son un par de versos verdaderamente
"delicuescentes", que, si los encontrásemos solos, resultarían
casi indescifrables. Pero se ve que tienen que significar lo
mismo que los últimos dos versos de la mudanza, que no son nada
difíciles. "Viendo el no veros" debe querer decir: "si llegase a
pasar que yo ya no hiciese caso de ti", "al verme curado de mi
pasión"; y el "no será visto el no verme" quiere decir: "ya no
serviría para nada mi leal sumisión a la voluntad tuya, en la que
no me ha preocupado nunca mi propio bienestar".

Pero en este punto tenemos que volver atrás a los últimos

versos del pie de la canción, no sólo porque San Pedro los repite
como los últimos versos de la vuelta, sino porque ahora nos damos
cuenta de que los hemos interpretado mal al leerlos la primera
vez. Vemos primero que lo de "perder el perderme" no puede
interpretarse como "escapar de la obsesión de enamorado", sino
tan sólo como "desperdiciar el largo, leal y abnegado servicio de
amador". O sea, su "buen servir" moriría "en vano", o bien, el
"no verse" no sería "visto". Y entonces la chocante lectura de
"perderos" no puede quedar en pie: aunque el sentido sea
inusitado, el "perderla" no puede significar más que "conseguir
olvidarse de ella".

Hay que conceder que tal vez la mayor parte del placer que nos
proporciona esta canción se semeje al que sentimos al dar con la
solución de un crucigrama: nos da cierta satisfacción
intelectual. El aprecio de la "agudeza" no es de infravalorar;
pero no estoy seguro, a pesar del entusiasmo de Gracián, de que
en este poema Diego de San Pedro no se haya extralimitado. La
verdad es que cada vez que vuelvo a esta poesía tengo la
impresión de haberme metido de nuevo en arena movediza, y no me
parece irrazonable la fórmula de Paulo Giovio, de que los versos
conceptistas no debían ser tan oscuros que haga falta llamar a la
Sibila para entenderlos. Por toda la obra de San Pedro se pueden
notar ciertos rasgos de extremismo,[148] y aunque entre las
poesías cancioneriles hay muchas nada fáciles de descifrar, no
creo que haya ninguna tan difícil como ésta. Como hemos visto, a
Gracián también ésta le parecía algo verdaderamente excepcional.
Pero al fin y al cabo, debo confesar que me inquieta algo la
enrevesada dificultad de esta canción.

Sin embargo, el poema es algo más que un rompecabezas, y se
podría sostener que es sólo por la manera en la que lo expresa
como San Pedro consigue decir a su amada lo que le quería
comunicar. En primer lugar, en el nivel más sencillo, le dirige
un simple mensaje sentimental, diciéndole que no le molesta estar
enamorado de ella, aun cuando su amor quede sin correspondencia.

Pero este inocente sentimiento lo expresa de una manera bastante
picante, pues la ambivalencia de "perderos" la va a hacer pensar
a la dama en una relación sexual cumplida, sobre todo cuando el
poeta se apresura a negar tal interpretación. Como Quirós, ha
utilizado el viejo recurso de la defraudación del lector no para
dejar burlada a la recipiente del mensaje, sino para sugerirle
una idea que no se atreve a expresar abiertamente. El leal
amador no va a recurrir al estupro, y hasta niega que haya
pensado en ello, a pesar de que sería el obvio remedio para curar
su dolorosa aflicción. Quizás ya esté propasándome de lo que
dice el poeta, pero esto —estoy convencido de ello— es lo que
pretende comunicar callando mediante la "disonante" y
"repugnante" proposición segunda, que resulta ser, al fin,
totalmente inocente.

VII

CONCLUSIÓN

En el presente ensayo me he detenido en el examen de un puñado de poesías, a lo mejor en la milésima parte de las poesías amatorias que nos han llegado de una época que duró cosa de un cuarto de siglo. Por una parte, es un absurdo; por otra, sin escudriñar en detalle el lenguaje, la técnica y los conceptos de unos pocos poemas, no veo cómo se puede escapar de las inútiles generalizaciones que durante tantísimo tiempo nos han estorbado el justo aprecio de estos versos. Algo digno de notar es que los críticos modernos que se han resistido a despachar a la poesía amatoria cancioneril como "artificial" o "insípida" son precisamente los que por una u otra razón se han visto obligados a detenerse en el estudio de poesías aisladas. Vale la pena subrayar el que varios nos hemos acercado a la poesía cancioneril no porque nos interesase en sí —pues creíamos que era trivial e insulsa— sino porque tuvimos que mirarla de cerca por otros motivos. A Deyermond le interesaba el fenómeno de la creación literaria femenina, y por eso, al estudiar a las primeras escritoras castellanas (Teresa de Cartagena, Leonor López de Córdoba, Florencia Pinar) tuvo que enfrentarse con las canciones de la última.[149] Por su interés en don Juan Manuel —el de *El conde Lucanor*— Macpherson tuvo que examinar las poesías atribuidas a él (en realidad a dos descendientes tocayos).[150] A mí me interesaban al principio sólo las novelas sentimentales de San Pedro, pero al encargarme de sacar una edición de las obras completas, tuve que explicar y anotar las poesías religiosas, filosóficas y amatorias. Sería fácil extender la lista, y aunque todo esto sea algo anecdótico me parece significante, pues se ve que los nuevos críticos heterodoxos, los que ya no estamos dispuestos a conformarnos con repetir los juicios de Menéndez Pelayo, somos precisamente los que hemos tenido que comentar en detalle aislados poemas.

Se podría hacer la objeción de que esto no demuestra nada, sino el bien atestiguado fenómeno de que el erudito que ha pasado tiempo en el estudio de un autor o de un texto suele propasarse en elogios de su tema. Si leyésemos de la crítica literaria tan sólo los estudios monográficos, creeríamos que la literatura castellana consistía en obras maestras reconocidas y en obras maestras injustamente olvidadas. La sobrevaloración del escritor a quien el estudioso ha dedicado meses o años de trabajo será, quizás, el error académico más difundido y, desde luego, completamente comprensible. ¿Cómo refutar una acusación parecida? ¿Tal vez hagamos bien en rechazar, como aberración estética, toda la poesía amatoria de la época de los Reyes Católicos? Aunque debo confesar que a mí, como se habrá notado, me ha empezado a gustar, carezco de la confianza de un Menéndez Pelayo y no quisiera pretender que porque a mí me gusta sea realmente buena. Es posible que adolezca de un "gusto depravado". No obstante, quiero intentar dejar asentadas algunas proposiciones que me parecen innegables, más algunas quizás más discutibles.

En primer lugar, en la crítica moderna de la poesía amatoria cancioneril se notan ciertos prejuicios casi seguramente inconscientes. He hablado ya del hecho de que la selección de los pocos poemas que se pueden leer en las antologías hace patente que existe una preferencia por los que mencionan objetos concretos. Aunque sea a la vez difícil de explicar e imposible de justificar, es innegable que esto es algo que nos afecta a todos, y que al leer esta poesía de abstracciones, experimentamos un sentimiento casi de alivio cuando encontramos una perdiz, una rosa, un limón —de los que he hablado ya— o bien los pavos de Guevara, o el cuadrante solar del comendador Escrivá.[151] Hemos sufrido todos una especie de lavado de cerebro, y estamos ya tan condicionados por la lectura de otra clase de poesía, tanto anterior como posterior a la de nuestra época, que apenas somos capaces de reaccionar ante el conceptismo abstracto e incoloro. Pero tampoco veo cómo se podría sostener que la poesía tenga que tratar de objetos concretos; al contrario, todos aceptaríamos complacidos la tesis de que la poesía trata de las emociones. Repito, pues, que nos estorba el aprecio de los versos cancioneriles por lo menos un prejuicio inconsciente. Pero éste no es el único.

También he dicho ya que para mí lo mejor de la poesía de cancionero está en las poesías breves. Debemos conceder que las obras literarias que más nos impresionan —y no sin razón— son las extensas; y desde luego una canción de Quirós no equivale en importancia a la *Cárcel* de San Pedro. Pero no conviene rechazar a aquélla por trivial. Encuentro muy significativo el que uno de los más finos críticos del género, J. M. Aguirre, para exponer sus dudas sobre la validez de las negativas concepciones existentes, eche mano al siguiente argumento:[152]

> Los poemas cancioneriles *parecen* monótonos ... porque la base sobre la que se han construido es *una*; sin embargo, las *variaciones* sobre la metafísica amorosa que sirven es casi inconcebible. El corpus de los cancioneros de la poesía de amor del siglo XV resulta ser un extensísimo *poema único*, cuyos versos están constituidos por *poemas-variaciones*.

Y luego:

> La poesía cortesana ... es un vastísimo poema único... Los poemas de los cancioneros forman ... una enorme y hermosa composición.

La idea es interesante, pero, al fin y al cabo, no es más que una metáfora. De lo que dice Aguirre en general en defensa de la poesía cancioneril apenas disentiría en nada; pero en la ingeniosa idea de que todo el corpus constituya una sola larguísima poesía no veo más que otro reflejo de esta actitud medio-consciente que quiere reservar los adjetivos menos modestos para las obras extensas. Yo preferiría atacar de frente el problema. No quiero decir con Juan Ruiz que "la mejor es la menor",[153] sino tan sólo que el hecho de que los poetas cortesanos trabajan por preferencia en los géneros menores también parece haber contribuido a estorbar el justo aprecio de lo que se puede conseguir en el breve espacio de una canción, una esparsa, una letra o un mote.

Estos dos prejuicios juntos —la aversión hacia la abstracción y cierta falta de respeto por la lírica menor— engendran los epítetos menospreciativos de un Menéndez Pelayo: los versos son "fríos" y "triviales". Otros prejuicios habrá también, pero cuando Pedro Salinas achaca a Jorge Manrique su falta de sinceridad o cuando Samuel Gili Gaya califica de "pueriles" y "petulantes" los recursos retóricos de Diego de San Pedro,[154] ya estamos ante posiciones críticas más explícitas y nada ocultas. Lo curioso es que nadie —que yo sepa— haya atacado explícitamente a la poesía cortesana porque emplee un vocabulario abstracto ni porque los poemas suelan ser cortos. Y sin embargo, estoy convencido de que ahí tenemos la explicación, o por lo menos parte de la explicación, de la antipatía crítica moderna hacia esta poesía.

En segundo lugar, creo que la poesía amatoria cortesana ha sufrido, de una manera increíble, de la generalización. Sería tal vez difícil, pero seguramente nada imposible, demostrar que en cualquier historia de la literatura española no se encuentran sobre ningún otro género literario generalizaciones comprensivas parecidas a las que se pueden leer sobre la poesía cancioneril. Y apenas hay una que valga. En otro lugar he sostenido que sobre el llamado amor cortés es sumamente difícil llegar a formular

cualquier generalización que por una parte no se pueda falsear en
seguida nada más citando a autores que con toda certeza
trabajaban dentro de este complejo de conceptos, o que por otra
parte no logre excluir ideas y autores modernos.[155] Lo mismo se
puede decir de nuestros versos amatorios. Cuando nos atrevemos a
enfocar globalmente, digamos la comedia del Siglo de Oro o bien
los escritos de la generación del 98, no nos arriesgamos a
formular generalizaciones tan poco matizadas como las que se
repiten y se vuelven a repetir sobre la poesía cancioneril. Con
contadísimas excepciones, los críticos parecen ser incapaces de
distinguir (como se solía decir) entre lepra y lepra. No tengo
inconveniente ninguno en conceder que en el inmenso corpus de la
poesía amatoria cancioneril se pueden hallar muchísimos versos
derivativos, convencionales y bastante flojos; pero nos cumple
precisar cuáles son y por qué. En su edición de las poesías
líricas de don Juan Manuel y de don João Manuel (ya citada), Ian
Macpherson analiza —creo que muy acertadamente— los fallos de
estos dos nobles aficionados, que, salvo en contados trozos, no
consiguieron componer poesías verdaderamente memorables. Así es
como se debe proceder. El decir que entre las poesías amorosas
de la época de los Reyes Católicos hay versos insulsos o
triviales es una perogrullada, pues lo mismo se puede decir de la
poesía italianizante o de cualquier otro género literario. Lo
que a mí me parece injustificable es la condena total de estos
versos.

Finalmente, no cabe la menor duda de que la literatura crítica
está atiborrada de malentendidos. La idea de que esta poesía
celebre el amor platónico es un absurdo. Pero tampoco se puede
decir, como ha dicho Otis Green, que se trate del amor sexual no
consumado.[156] Sí, nos vemos obligados a conceder que muchos
versos amorosos tratan del sufrimiento ocasionado por el amor no
correspondido; pero, al contrario de lo que dicen las historias
de la literatura, se podrían citar muchos ejemplos de versos
amatorios dedicados a la esposa.[157] Un pequeño reparo: el

motivo que los inspira es casi siempre la ausencia o la ausencia
inminente, o bien la pérdida de la amada. La consumación o la no
consumación del amor no es lo que más importa. Guevara, "estando
en la cama con su amiga", después de aquella "noche tan mal
dormida", sigue quejándose de su esclavitud. El desconocido
Vargas juega con el viejo epigrama de Boecio para decir,
veladamente, que la consumación del amor exacerba aún más el
sufrimiento amoroso cuando pierde a la que una vez poseía:[158]

> Quien alegre no se vido
> lexos está de ser triste,
> porqu'el dolor no consiste
> sino en llorar lo perdido.

> Y de aquesta conclusión
> nos queda determinado
> qu'el perder de lo ganado
> es lo que nos da passión,
> que lo que no es poseýdo
> no dexa el coraçón triste,
> porque el dolor no consiste
> sino en llorar lo perdido.

No se trata de la no consumación, sino del sufrimiento amoroso
causado por muchas dificultades distintas: la indiferencia de la
dama, el que no tome en serio a su pretendiente, quizás alguna
burla cruel como cuando la amada de San Pedro entregó sus cartas
a unos jóvenes cortesanos para reírse de ellas,[159] la ausencia o
la ausencia inminente, los obstáculos creados por el temor al
"qué dirán", el sentido del enajenamiento mental ocasionado por
la total dependencia emocional, el deseo sexual insatisfecho, o
sea, un sinfín de motivos distintos. Agréguense las poesías
dedicadas tan sólo a alabar a la amada, y se puede preguntar:
¿Qué hay de extraño en todo esto? pues así es la poesía amorosa
de todas las épocas.

Ya sabemos cómo terminan las historias de amor que por fin

llegan a una conclusión feliz: como Apolonio de Tiro y su esposa,
"assí acabaron bienaventuradamente sus días".[160] A los novelistas
y dramaturgos no les suelen interesar más que las peripecias de
las etapas preliminares; y el enamorado poeta cortesano, logrado
su propósito, parece que no se siente inspirado a escribir más
versos amorosos. Empero, al lado de nuestra fina poesía cortesana
coexiste, si bien en menor cantidad, otro corpus de versos medio-
olvidados que celebran lo que fray Ambrosio Montesino llamaba "la
torpe delectación", o sea, la alegre unión sexual. Lo curioso de
estos versos eróticos es que la gran mayoría son obscenos, en el
sentido de que no vacilan en emplear palabras malsonantes
inequívocas, ahora tabúes, mientras en la poesía del sufrimiento
amoroso se evitan cuidadosamente, si bien se multiplican los
eufemismos ambiguos tales como "muerte", "gloria", "poseer",
"merecer", y "perder". Aunque convendría que ponderásemos más el
problema, se ve que los poetas trabajaban dentro de distintas y
bien definidas convenciones estéticas y lingüísticas.

***

En este ensayo ni se me ha ocurrido explicar o comentar toda la
poesía amatoria cancioneril. Esto representa una ingente tarea
que tendrán que llevar a cabo, poco a poco, tal vez varias
generaciones de eruditos. Lo único que he intentado hacer es
sugerir que la tradicional condena de estos versos no se puede
justificar y que el desprecio general de esta clase de versos
está basado en varios malentendidos, y subrayar dos proposiciones
fundamentales. Una es que estamos ante una poesía cargada de un
velado y ambiguo erotismo, y he tratado de insinuar, si no demostrar, que muchos versos se pueden calificar de picantes más bien
que de insulsos. La otra es que la sutileza y la ingeniosidad
conceptista de algunos poetas son tales que exigen muchísima más
atención de la que han recibido, y que estos versos nos plantean,
por su lenguaje especializado y por su ambigüedad, gravísimos
problemas de interpretación. Si he conseguido dejar asentadas
tan sólo estas dos proposiciones, me doy por satisfecho.

NOTAS

1) La *Antología* salió en retazos, entre 1890 y 1906, en la Biblioteca Clásica (Madrid: Hernando, 1878—). Cito por la "Edición Nacional", tomos XVII-XXVI (Santander y Madrid: C.S.I.C., 1944-45) de las *Obras completas*. Se ocupa de la poesía cancioneril en el capítulo XXIV del tomo III de la *Antología* (XIX de las *Obras*), pp. 125-220.

2) *Antología*, edición citada, tomo X (XXVI), p. 209.

3) Dámaso Alonso, *Menéndez Pelayo, crítico literario (Las palinodias de don Marcelino)* (Madrid: Gredos, 1956), subraya el hecho de que sobre varios autores y temas (Calderón, la poesía popular, etcétera) Menéndez Pelayo, nada inflexible, llegó a repudiar sus propios juicios anteriores; pero sobre la poesía amatoria cancioneril nunca revisó sus veredictos.

4) Véanse los tomos IV y V (XX y XXI de las *Obras*).

5) R. Menéndez Pidal, "La primitiva lírica española", en *Estudios literarios* (Madrid y Buenos Aires: Austral, 1919), p. 202; Pedro Salinas, *Jorge Manrique, o tradición y originalidad* (Buenos Aires: Sudamericana, 1947), p. 42 (nótese que las ediciones de Barcelona: Edhasa (Emegé), 1962, y de Barcelona: Seix Barral, 1974, tienen distinta paginación); Dámaso Alonso y J. M. Blecua, *Antología de la poesía española: Poesía de tipo tradicional* (Madrid: Gredos, 1956): Dámaso Alonso, p. XXII, J. M. Blecua, p. LVII; Francisca Vendrell de Millás, "Los cancioneros del siglo XV", en *Historia general de las literaturas hispánicas*, ed. Guillermo Díaz-Plaja, 6 tomos (Barcelona: Barna, 1949-67),

III (1951), p. 56. Véase la introducción de J. M. Aguirre a
Hernando del Castillo, *Cancionero general: Antología temática del
amor cortés* (Salamanca: Anaya, 1971), pp. 11-12.

6) Para la discutida fecha del *Cancionero de Palacio* véase
Brian Dutton, "Spanish Fifteenth-Century *Cancioneros*: A General
Survey to 1465", *Kentucky Romance Quarterly*, XXVI (1979), pp.
445-60.

7) En *Historia y crítica de la literatura española*, ed.
Francisco Rico, tomo I, *Edad Media*, ed. Alan Deyermond
(Barcelona: Editorial Crítica, 1980), p. 302. Para los estudios
sobre Florencia Pinar véase la nota 10.

8) Roger Boase, *The Troubadour Revival: A Study of Social
Change and Traditionalism in Late Medieval Spain* (Londres:
Routledge and Kegan Paul, 1978).

9) Cuarta edición renovada (Madrid: Gredos, 1979), p. 387; Paul
Zumthor, *Essai de poétique médiévale* (París: Éditions du Seuil,
1972), p. 192 (cito la traducción de López Estrada). Véase
también, del mismo, "La teoría poética medieval de P. Zumthor",
Anuario de Estudios Medievales, IX (1974-79), pp. 733-86.

10) Francisco Rico, "Un penacho de penas. Sobre tres inven-
ciones del *Cancionero general*", *Romanistisches Jahrbuch*, XVII
(1966), pp. 274-84; Alan Deyermond, "The Worm and the Partridge:
Reflections on the Poetry of Florencia Pinar", *Mester* (Los
Angeles), VII (1978), pp. 3-8, y la última parte de "Spain's
First Women Writers", en *Icons and Fallen Idols: Women in
Hispanic Literature*, ed. Beth Miller (Berkeley: University of
California, por salir); el "artículo" aludido de J. M. Aguirre,
que versaba sobre "Es la voz de mi canción" (*Cancionero general*,
f. 126v) y que leí en manuscrito, ahora forma parte (sección 5)
de un todavía más largo e importante ensayo, "Reflexiones para la
construcción de un modelo de la poesía castellana del amor
cortés", *Romanische Forschungen*, XCI (por salir).

11) Para la fecha y un análisis del contenido del *Cancionero de
Estúñiga* véase Nicasio Salvador Miguel, *La poesía cancioneril:*

El "Cancionero de Estúñiga" (Madrid: Alhambra, 1977); para el *Cancionero* de Hurus véanse pp. 140-43 de mi "The Printed Editions and the Text of the Works of Fray Íñigo de Mendoza", *Bulletin of Hispanic Studies*, XXXIX (1962), pp. 137-52. Una edición facsímil de este cancionero, con una introducción mía, está en prensa (Barcelona: Puvill).

12) Véase el artículo mío citado en la nota anterior.

13) *Antología*, II (XVIII), p. 367.

14) El hecho es sobradamente conocido, pero véase, por ejemplo, lo que dice Arthur Waley acerca de "The Limitations of Chinese Literature" en su *One Hundred and Seventy Chinese Poems* (Londres: Constable, 1918), pp. 4-7.

15) Introducción a *Poesía de tipo tradicional* (citado en la nota 5), p. IX.

16) Aquí copio el poema tal como aparece en el *Cancionero general recopilado por Hernando del Castillo (Valencia, 1511)*, edición facsímil con introducción de Antonio Rodríguez-Moñino (Madrid: Real Academia Española, 1958), f. 124v. Ofrezco una versión editada más abajo, p. 74.

17) Baltasar Gracián, *Agudeza y arte de ingenio*, ed. Evaristo Correa Calderón, 2 tomos (Madrid: Castalia, 1969), I, pp. 240 y 253-54.

18) No vacila en emplear este término María Rosa Lida de Malkiel, *Juan de Mena, poeta del Prerrenacimiento español* (México: El Colegio de México, 1950), p. 87.

19) Diego de San Pedro, *Obras completas*, III: *Poesías*, ed. Dorothy S. Severin y Keith Whinnom (Madrid: Castalia, 1979).

20) Más concretamente, estamos ante la obra de más de setecientos poetas, cifra que supera, con mucha diferencia, a cualquiera que se podría aducir para las demás literaturas europeas de esta época. Véase Deyermond, "The Worm" (citado en la nota 10), p. 7.

21) José Simón Díaz, *Bibliografía de la literatura hispánica*, tomo III, volumen 1°, segunda edición (Madrid: C.S.I.C., 1963),

pp. 295-487; Jacqueline Steunou y Lothar Knapp, *Bibliografía de los cancioneros castellanos del siglo XV y repertorio de sus géneros poéticos*, 2 tomos (París: Centre National de la Recherche Scientifique, 1975-78); Brian Dutton, "Catálogo descriptivo de los cancioneros castellanos del siglo XV", *La Corónica*, VI (1977-78), pp. 104-08, y con Stephen M. Fleming y Jineen Krogstad, "A Report on the University of Illinois *Cancionero* Project", *La Corónica*, VIII (1979-80), pp. 113-25, y los mismos, *Índice de cancioneros del siglo XV* (Urbana-Champaign: University of Illinois, por salir).

22) "Hacia una interpretación y apreciación de las canciones del *Cancionero general* de 1511", *Filología*, XIII (1968-69), pp. 361-81.

23) Jane Whetnall, "The 'Popularity' of *Cancionero* Verse of the Mid-Fifteenth Century", comunicación inédita leída en la Universidad de Hull en abril de 1973.

24) Consta en doce cancioneros el "Nao de amor" de Juan de Dueñas ("En altas ondas del mar") y en trece, incluso el *Cancionero general* (f. 93r), "El triste que más morir / querría" del bachiller de la Torre.

25) Véanse mis *Spanish Literary Historiography: Three Forms of Distortion* (Exeter: University of Exeter, 1968), especialmente pp. 14-18, y "The Problem of the 'Best-Seller' in Spanish Golden-Age Literature", *Bulletin of Hispanic Studies*, LVII (1980), pp. 189-98.

26) Véase Frank Pierce, *La poesía épica del Siglo de Oro*, traducido por J. C. Cayol de Bethencourt, segunda edición (Madrid: Gredos, 1968), pp. 9 y 31-215 *passim*.

27) Me refiero a *A Literary History of Spain*, ed. R. O. Jones (Londres: Benn, y Nueva York: Barnes and Noble, 1971); Edward M. Wilson y Duncan Moir, *The Golden Age: Drama, 1492-1700*, y R. O. Jones, *The Golden Age: Prose and Poetry, the Sixteenth and Seventeenth Centuries*.

28) Véase Franco Meregalli, "Sur la réception littéraire",

Revue de Littérature Comparée, LIV (1980), pp. 134-49; para la no-recepción, p. 142. Es de esperar que amplíe y publique otras observaciones sobre este fenómeno, que, al comentar mi "The Problem of the 'Best-Seller'", me comunicó en una carta privada.

29) *The Philosophy of Love in Spanish Literature, 1450-1680* (Edimburgo: Edinburgh University, por salir). Le tengo que agradecer al profesor Parker el haber tenido la amabilidad de permitirme leer fotocopias de los primeros capítulos mecanografiados.

30) Véanse las distintas sugerencias de (¡entre otros!) Bruce W. Wardropper, *Historia de la poesía lírica a lo divino en la Cristiandad occidental* (Madrid: Revista de Occidente, 1958); Erich Auerbach, "Gloria Passionis", en *Literary Language and its Public in Late Latin Antiquity and in the Middle Ages*, traducido por Ralph Manheim (Nueva York: Pantheon, 1965), pp. 67-81; Patrick Gallagher, *The Life and Works of Garci Sánchez de Badajoz* (Londres: Tamesis, 1968), especialmente pp. 175-83 y 233-47; Nicholas G. Round, "Garci Sánchez de Badajoz and the Revaluation of *Cancionero* Poetry", *Forum for Modern Language Studies*, VII (1970), pp. 178-87, especialmente pp. 184-86; J. M. Aguirre, introducción a Jorge Manrique, *Coplas de amor y de muerte* (Zaragoza: Olifante, 1980), pp. 19-20; y E. Michael Gerli, "La 'religión de amor' y el antifeminismo", *Hispanic Review*, XLIX (1981), pp. 65-86.

31) Referencias y más ejemplos se hallarán en Otis H. Green, "Courtly Love in the Spanish *Cancioneros*", *PMLA*, LXIV (1949), pp. 247-301, en la sección III, "The Religion of Love"; reimpreso en *The Literary Mind of Medieval and Renaissance Spain: Essays by Otis H. Green*, ed. John E. Keller (Lexington: University Press of Kentucky, 1970), pp. 40-92. Este inventario lo amplía aún más E. Michael Gerli (citado en la nota anterior), que consigue demostrar que algunos moralistas antifeministas sí consideraban blasfemos tanto los *contrafacta* como los versos que deificaban a la amada; pero yo no creo que Green careciese de razón al

concluir: "With these facts before us, we shall not be
scandalized, as Menéndez y Pelayo was, by the blasphemies of the
cancioneros".

32) *Manual*, pp. 117-18; citado en Green, artículo citado,
sección III (ed. Keller, p. 45).

33) Aquí repito, resumido, lo ya expuesto en la introducción a
mi traducción inglesa de Diego de San Pedro y Nicolás Núñez,
Prison of Love (Edimburgo: Edinburgh University, 1979), pp. XV-
XVI.

34) Hoy en día la gran mayoría de los comentaristas aceptan,
primero, que el *Cantar de los cantares* no tiene nada que ver con
Salomón, siendo bastante posterior, y, segundo, que se trata de
una colección-amalgama de distintos epitalamios, del estilo de
los que, en la Siria, se cantan todavía en las bodas. Véase, por
ejemplo, *A Commentary on the Holy Bible by Various Writers*, ed.
J. R. Dummelow (Londres: Macmillan, 1909), reimpreso en un tomo
(1915), pp. 401-08. Si hubiese salido antes, me habría
aprovechado también de los datos aportados por Tony Hunt, "The
Song of Songs and Courtly Literature", en *Court and Poet:
Selected Proceedings of the Third Congress of the International
Courtly Literature Society (Liverpool 1980)*, ed. Glyn S. Burgess
(Liverpool: Francis Cairns, 1981), pp. 189-96.

35) Véase San Pedro, *Obras completas*, II: *Cárcel de Amor*, ed.
Keith Whinnom (Madrid: Castalia, 1971), pp. 155-71.

36) Para San Pedro, véase su "Desprecio de la Fortuna", en
Poesías (edición citada en la nota 19), pp. 271-97. Para las
demás referencias, y más detalles, véase Green, "Courtly Love"
(citado en la nota 31), sección VIII, "Adultery, Truancy,
Recantation". En su introducción a Jorge Manrique, *Coplas de
amor y muerte* (citado en la nota 30), J. M. Aguirre arguye que
las *Coplas* manriqueñas constituyen una especie de palinodia, pp.
24 y 34-35.

37) Las citas provienen de Juan de Torres, en el *Cancionero de
Palacio*, ed. Francisca Vendrell de Millás (Barcelona: C.S.I.C.,

1945), p. 244; de E. H. Templin, "The Exculpation of *Yerros por Amores* in the Spanish Comedia", *Publications of the University of California at Los Angeles in Languages and Literature*, I (1933), pp. 1-50; de Suero de Ribera, en el *Cancionero general*, ff. 60r-v; y de *Andreae capellani regii francorum, de amore libri tres*, ed. Amadeo Pagés (Castellón de la Plana: Sociedad Castellonense de Cultura, 1930), pp. 93-94.

38) Para más detalles y referencias bibliográficas véase mi introducción a *Cárcel de Amor* (edición citada en la nota 35), pp. 13-15.

39) Para las citas del *Sermón* véase San Pedro, *Obras completas*, I: *Arnalte y Lucenda. Sermón*, ed. Keith Whinnom (Madrid: Castalia, 1973), p. 181; para la de *Cárcel de Amor*, edición citada, pp. 165-66.

40) Para el desconocido fray Antonio de Medina, véase E. Michael Gerli, "A Late Fifteenth Century Antifeminist Poem: Fray Antonio de Medina's *Coplas contra los vicios y deshonestidades de las mugeres*", *La Corónica*, VIII (1979-80), pp. 210-14.

41) Véase Julio Rodríguez-Puértolas, *Fray Íñigo de Mendoza y sus "Coplas de Vita Christi"* (Madrid: Gredos, 1968), pp. 488-89: "su tentar / de noche con sus escalas", "su tener por muy grand gloria / el sý de sus peticiones", etcétera. Véase también el interesante trabajo de Theodore L. Kassier, *"Cancionero* Poetry and the *Celestina*: From Metaphor to Reality", *Hispanófila*, XVI (1976), pp. 1-28.

42) Para precisiones sobre los autores que cito a continuación véanse las introducciones a *La comedia thebaida*, ed. G. D. Trotter y Keith Whinnom (Londres: Tamesis, 1968), pp. XXXVI-XXXVIII, y a *Cárcel de Amor*, edición citada, pp. 13-15.

43) Véase la traducción catalana de la obra, *Cárcel de Amor* (portada), *Obra intitulada lo Carcer de Amor* (reverso) (Barcelona: Rosenbach, 1493); edición facsímil por Lambert Mata (Vilanova y Geltrú: Oliva, 1906). El grabado aludido lo he reproducido en *Cárcel de Amor*, p. 83.

44) Alfred Jeanroy, *La Poésie lyrique des troubadours*, 2 tomos (Tolosa y París: Édouard Privat, 1934). Ya me he explayado en este aspecto de la falsificación de la historia literaria en *Spanish Literary Historiography* (citado en la nota 25), pp. 19-23, y en la introducción a *Cárcel de Amor*, p. 18.

45) Moshé Lazar, *Amour courtois et "fin' amors" dans la littérature du XIIe siècle* (París: Klincksieck, 1964). Bastante antes, Martín de Riquer, *La lírica de los trovadores*, I: *Poetas del siglo XII* (Barcelona: Escuela de Filología, 1948), p. XXXIII, había dicho a propósito de la poesía provenzal: "Vale la pena de insinuar la posibilidad de que las exigencias de la discreción del poeta y la necesidad de que no se advierta qué es lo que dice a su dama en las canciones, pueden haber sido incentivos del hermetismo, de la expresión oscura y rebuscada".

46) *Cancionero de Palacio* (edición citada en la nota 37), p. 87.

47) *Cancionero de Palacio*, número 234, p. 306.

48) Diego de San Pedro, *Obras*, ed. Samuel Gili Gaya, Clásicos castellanos, 133 (Madrid: Espasa-Calpe, 1950), p. XXXV.

49) Gonzalo Correas, *Vocabulario de refranes y frases proverbiales (1627)*, ed. Louis Combet (Burdeos: Institut d'Études Ibériques de l'Université de Bordeaux, 1967), p. 527. Marcella Ciceri, "Livelli di trasgressione (dal riso all'insulto) nei canzonieri spagnoli", en *I codici della trasgressività in area ispanica: Atti del Convegno di Verona, 12-13-14 giugno 1980* (Padua: Università degli Studi di Padova, 1981), pp. 19-35, al hablar de la esparsa sanpedrina señala el antecedente del Ropero: "esso me da de besaros / en el culo que en la boca" (pp. 25-26); véase *Cancionero de Antón de Montoro*, ed. Emilio Cotarelo y Mori (Madrid: Perales y Martínez, 1900), número CLXV.

50) Para un intento de analizar la personalidad de San Pedro véanse mi *Diego de San Pedro* (Nueva York: Twayne, 1974), pp. 130-31, y mi introducción a *Obras completas*, III: *Poesías*, pp. 77-84.

51) *Cancionero general*, f. 226v. Se hallará una versión anotada

en *Obras completas*, III, pp. 261-62, pero las anotaciones no son completas: José Luis Gotor me indica que el "gordor" de la segunda estrofa es un eufemismo conocido que alude al miembro viril tumescente (igual que "el gordo", que encontraremos luego). Aunque en inglés (*kiss*) y en francés (*baiser*) "beso" y "besar" son tempranos eufemismos ampliamente documentados, no encuentro nada que apoye esta interpretación en castellano; es decir, no creo que la dama le estuviese tachando a San Pedro de homosexual.

52) *Antología*, V, p. 187; el original consta en el *Cancionero general*, ff. 120v-21r.

53) Véanse los trabajos citados en la nota 10.

54) Véase T. H. White, *The Book of Beasts; being a Translation from a Latin Bestiary of the Twelfth Century* (Londres: Jonathan Cape, 1954), p. 137. En "The Worm", Deyermond cita, p. 5, parte de una carta privada de Joaquín Gimeno Casalduero ("Quizás la elección del motivo de las perdices no se deba al conocimiento de un bestiario" sino al "de la caza de las perdices", etcétera) y durante un momento parece vacilar: "It would, of course, be very difficult to take issue with this convincing and satisfying analysis". Pero abunda testimonio que apoya la hipótesis de Deyermond: véanse las referencias, s.v. *perdix*, en P. P., *Glossarium eroticum linguae latinae: sive, theogoniae, legum et morum nuptialium apud Romanos explanatio nova* (París: Dondey-Dupré, 1826; la reimpresión fotográfica, Amsterdam: Adolf M. Hakkert, 1965, trae una nueva portada en la que su autoría se atribuye a P. Pierrugues): "in obscenis simili sensu quo palumbes, anseres, etc."; véase también Monique De Lope, "Pour une lecture érotique de la bataille de Carnal et Quaresma dans le *Libro de buen amor*", *Imprévue*, 1979, pp. 93-101 (el comentario sobre el verso "mataron las perdizes", 1107b). En Pierre Alzieu, Robert Jammes e Yvan Lissorgues, *Floresta de poesías eróticas del Siglo de Oro, con su vocabulario al cabo por el orden del a.b.c.* (Tolosa: France-Ibérie Recherche, Université de Toulouse-Le Mirail, 1975), pp. 72-73, se verá que "matar pardales" es otra

metáfora erótica. Al sentido obsceno de "perdiz", agréguese que
"cazar" o "matar" más nombre de pájaro son modismos eufemísticos
que significan *futuere* (véase De Lope). Con datos de muy
distinta índole, ha venido a respaldar la interpretación de
Deyermond, Margaret O'Connell, "More Worms and Partridges: The
Sexual Connotations of Animal Imagery in the Poetry of Florencia
Pinar", *Mester* (Los Angeles; por salir), citando a las poetisas
provenzales que hablan sin rodeos de sus deseos sexuales.

55) *Cancionero general*, f. 105r.

56) Antonio de Nebrija traduce "vicio" como *luxus*, *luxuria*,
asotia en su *Dictionarium ex hispaniensi in latinum sermonem*
(Salamanca: s.i., s.a. pero ¿1492?); hay edición facsímil
(Madrid: Real Academia Española, 1951).

57) Para el latín (*servare* más bien que *servire*), el francés
(*servir*) y el inglés (*serve*, *service*, *services*) véase Eric
Partridge, *Shakespeare's Bawdy: A Literary and Psychological
Essay and a Comprehensive Glossary* (Londres: Routledge, 1947),
s.v. *serve* y *service*. Como se verá en el capítulo que sigue, en
la literatura castellana nuestras dificultades estriban en la
ambigüedad de los textos que se podrían aducir como testimonio;
sin embargo, en el jocoso poemita en sayagués, "Recuerda, carillo
Juan", diálogo entre dos pastores en el que uno se queja de que
su amante se ha casado y el otro le consuela advirtiéndole que
esto no significa el final de sus relaciones amorosas, sería
absurdo intentar sostener que "servilla" no tenga un inequívoco
significado sexual; véase José Romeu Figueras, *Cancionero musical
de Palacio (Siglos XV-XVI)*, 2 tomos (Barcelona: C.S.I.C., 1965),
número 391. Del uso eufemístico de "servir" y "servicio" ha
recogido muchos más ejemplos Stephanie Sieburth, "Vocabulary,
Euphemism and Subject-Matter in the Love-Lyric of the Musical
Cancioneros" (trabajo aún inédito). Nótese que Guevara es
bastante más sutil que el anónimo que compuso el "Dezir del
casado": "se dize / que, avida la victoria, / l'amor se
diminuesce. / Cierto, lo contrario fize, / ca mi amor e mi gloria

/ más vive e más cresce"; véase Charles V. Aubrun, *Le Chansonnier espagnol d'Herberay des Essarts (XVe siècle): Édition précédée d'une étude historique*, Bibliothèque de l'École des Hautes Études Hispaniques, 25 (Burdeos: Feret, 1951), número XLV.

58) Green, "Courtly Love", ya citado. Algo más útiles, porque estudian cancioneros individuales, son los análisis de Aguirre (citado en la nota 5), de Salvador (citado en la nota 11) y de Romeu Figueras (citado en la nota anterior), tomo I, segunda parte, "Los géneros y los temas", pp. 31-128.

59) A parecida conclusión acerca de los poetas gallego-portugueses de los siglos XIII y XIV ha llegado Alan Deyermond, "The Poetry of King Dinis", ponencia leída en el congreso de los hispanistas británicos, en Oxford, el 26 de marzo de 1981.

60) *Agudeza*, Discurso XXXIII (edición citada), II, pp. 53-62: "La primorosa equivocación es como una palabra de dos cortes y un significar a dos luces. Consiste su artificio en usar de alguna palabra que tenga dos significaciones, de modo que deje en duda lo que quiso decir" (p. 53).

61) R. O. Jones, "Bembo, Gil Polo, Garcilaso: Three Accounts of Love", *Revue de Littérature Comparée*, XL (1966), pp. 526-40; véase también Alfred Einstein, *The Italian Madrigal*, 2 tomos (Princeton: Princeton University, 1949), pp. 541-43.

62) Véase *Glossarium eroticum* (citado en la nota 54), s.v. *mortuus*.

63) "I will die bravely, like a smug bridegroom", *King Lear*, IV, 6; véase Partridge, *Shakespeare's Bawdy* (citado en la nota 57), s.v. *die*.

64) Ms. Esc. O-III-2, f. 101r. El texto completo se puede leer en Peter Dronke, *Medieval Latin and the Rise of European Love-Lyric*, 2 tomos (Oxford: Clarendon, 1965-66), II, p. 449. Hay que señalar que la poesía también consta en otro manuscrito más temprano, del siglo XII, Roma, Vaticano Reg. lat. 585, f. 5v.

65) La pequeña colección titulada "Jardín de Venus" consta en tres versiones, dos en el Ms. 3915 de la Biblioteca Nacional de

Madrid y la tercera en el Ms. 263 de la Biblioteca Classense de Ravena. Ha salido impresa en *Poesías eróticas* (citado en la nota 54), pp. 3-64; la "Justa" es el número 3, pp. 7-8.

66) Ms. 125 de la Biblioteca Universitaria de Barcelona, 182v-83v. Esta poesía ha sido reproducida por R. Foulché-Delbosc, en "Séguedilles anciennes", *Revue Hispanique*, VIII (1901), pp. 309-31, y por Alzieu, Jammes y Lissorgues (citado en la nota 54), pp. 269-72.

67) Utilizo el "vocabulario" de Alzieu, Jammes y Lissorgues, *Poesías eróticas*, pp. 329-51, así como José Luis Alonso Hernández, *Léxico del marginalismo del Siglo de Oro* (Salamanca: Universidad de Salamanca, 1977) y, del mismo, *El lenguaje de los maleantes españoles de los siglos XVI y XVII: La germanía (Introducción al léxico del marginalismo)* (Salamanca: Universidad de Salamanca, 1979).

68) La conocida paradoja, empleada por Santa Teresa y San Juan de la Cruz, aparece por primera vez en dos poesías amorosas, de Juan (João) de Meneses y de Duarte de Brito, que constan en el *Cancioneiro geral* de Garcia de Resende (Lisboa: Campos, 1516), ff. 16v y 44v; hay reimpresión patrocinada por la Hispanic Society of America (Nueva York: Kraus, 1967). Véase también Dámaso Alonso, "Tradición cortesana del s. XV, glosada a lo divino por Santa Teresa y San Juan", en *Poesía española: Ensayo de métodos y límites estilísticos* (Madrid: Gredos, 1959), pp. 245-49.

69) Del Ms. 3890 de la Biblioteca Nacional; impreso en *Poesías eróticas*, p. 213.

70) El doctor Luis Iglesias Feijoo, de Santiago de Compostela, expresó sus dudas acerca de la pertinencia de los poemas que acabo de citar, por ser algo posteriores a nuestra época. Los utilicé porque son completamente inequívocos; pero en obras contemporáneas, tales como la *Celestina*, apenas cabe duda de que vuelven a presentarse muchas metáforas obscenas ya documentadas en el latín clásico: véase J.-P. Lecertua, "Le jardin de Mélibée

(Métaphores sexuelles et connotations symboliques dans quelques épisodes de *La Célestine*)", *Trames* (Limoges), *Collection Études Ibériques*, II (1978), pp. 105-38, trabajo en que el autor documenta el sentido escabroso de "lugar", "huerto", "paraýso", "pared", etcétera. Para "lugar", véase más abajo la nota 111.

71) No cabe la menor duda de que el platonismo y el neoplatonismo contribuyeron bastantes elementos a los conceptos del llamado "amor cortés"; véanse, por ejemplo, Antony van Beysterveldt, *La poesía amatoria del siglo XV y el teatro profano de Juan del Encina* (Madrid: Ínsula, 1972); Roger Boase, *The Origin and Meaning of Courtly Love* (Manchester: Manchester University, 1977), pp. 81-83; o bien la introducción de Eugenio Alonso Martín, Pedro Aullón de Haro, Pancracio Celdrán Gomariz y Javier Huerta Calvo a Juan de Segura, *Proceso de cartas de amores* (Madrid: El Archipiélago, 1980), especialmente pp. XXX-XXXII. Sin embargo, se echa de ver que la gran mayoría de los críticos que hablan del "amor platónico" emplean el adjetivo en el sentido corriente y popular de "puro", asexual.

72) Pierre Le Gentil, *La Poésie lyrique espagnole et portugaise à la fin du Moyen Âge*, II: *Les Formes* (Rennes: Plihon, 1952); Tomás Navarro, *Métrica española: Reseña histórica y descriptiva* (Syracuse, Nueva York: Syracuse University, 1956); Rudolf Baehr, *Manual de versificación española*, traducción y adaptación de K. Wagner y F. López Estrada (Madrid: Gredos, 1973).

73) Para más detalles véase mi artículo citado en la nota 22, pp. 362-66.

74) Véase el mismo artículo ya citado, pp. 366-67.

75) "Quien presume de loaros", *Cancionero general*, f. 131r.

76) "Rosa (si rosa de distes)" y "Si os pedí, dama, limón", *Cancionero general*, ff. 124v y 122v.

77) *Cancionero general*, f. 128v.

78) Véase mi *Spanish Literary Historiography*, pp. 11-12.

79) Véase mi edición de su continuación de *Cárcel de Amor* en *Dos opúsculos isabelinos: "La coronación de la señora Gracisla"*

102   LA POESÍA AMATORIA

(BN Ms. 22020) y *Nicolás Núñez, "Cárcel de Amor"*, Exeter Hispanic
Texts, 22 (Exeter: University of Exeter, 1979).

80) Edición citada en la nota 39, pp. 178-79; el mote consta
independientemente en el *Cancionero general*, f. 144r.

81) Francesco Petrarca, último verso del soneto "Amor, che nel
penser mio vive e regna"; en la edición del *Canzionere* preparada
por Dino Provenzal (Milán: Rizzoli, 1954), pp. 189-90.

82) Por ejemplo, Juan del Encina. Para los disparates se puede
consultar ahora Blanca Periñán, *Poeta ludens: "Disparate",
"perqué" y "chiste" en los siglos XVI y XVII* (Pisa: Giardini,
1979).

83) Véase la nota 68.

84) Juan del Encina, *Arte de trobar*, capítulo VIII; en la
Antología de Menéndez Pelayo, tomo IV, pp. 30-44 (p. 43).

85) Encina, *Arte de trobar*, edición citada, IV, p. 46; Antonio
de Nebrija, *Gramática de la lengua castellana* (Salamanca: s.i.,
1492), editado por I. González-Llubera (Londres: Oxford University, 1926), p. 57.

86) "Un penacho de penas", citado en la nota 10. Algo también
se puede leer en Romeu Figueras (citado en la nota 57), pp. XIII,
34, 68, etcétera, y en Regula Langbehn-Rohland, *Zur Interpre-
tation der Romane des Diego de San Pedro*, Studia Romanica, 18
(Heidelberg: Carl Winter, 1970), pp. 110-13.

87) Mario Praz, *Studies in Seventeenth-Century Imagery*, tomo I,
Studies of the Warburg Institute, 3 (Londres: Warburg Institute,
1939); el tomo II, todo bibliografía, apareció en la segunda
edición (misma editorial, 1947), que se volvió a imprimir (pero
también anunciada como segunda edición) en Sussidi Eruditi, 16
(Roma: Storia e Letteratura, 1964); Karl Ludwig Selig, "La teoria
dell'emblema in Ispagna: I testi fondamentali", *Convivium*, nueva
serie, III (1955), pp. 409-21; Warren T. McCready, *"Empresas* in
Lope de Vega's Works", *Hispanic Review*, XXV (1957), pp. 79-104, y
La heráldica en las obras de Lope de Vega y sus contemporáneos
(Toronto: el autor, 1962); Giuseppina Ledda, *Contributo allo*

studio della letteratura emblematica in Ispagna (1549-1613), Istituto di Letteratura Spagnola e Ibero-Americana, Collana di Studi, 18 (Pisa: Università di Pisa, 1970).

88) Esta regla fue ideada por Lodovico Domenichi. La bibliografía es laberíntica. El tratado de Paolo Giovio (véase más abajo), *Dialogo dell'imprese militari e amorose* (Roma: s.i., 1555), fue traducido por Alfonso (Alonso) de Ulloa, *Diálogo de las empresas militares y amorosas* (Venecia: Gabriel Giolito de Ferraris, 1558); al tratado de Giovio se agregó muy pronto "un discorso di G. Ruscelli intorno allo stesso soggetto" (Venecia, 1556; Milán, 1559; Venecia, 1560, etcétera), y en seguida "un ragionamento di Lodovico Domenichi nel medesimo soggetto" (Venecia, 1557), también traducido por Ulloa, *Diálogo de las empresas militares* ... *con un razonamiento a esse propósito del señor L. Domeniqui* (Venecia, 1562, etcétera). Del tratado de Giovio hay una edición facsímil (de la de Lyón: Roviglio, 1559), impresa junto con la traducción inglesa de Samuel Daniel, *The Worthy Tract of Paulus Iovius* (Londres: Waterson, 1585) (Nueva York: Scholars' Facsimiles and Reprints, 1973), y también otra del texto italiano, ed. M. L. Doglio (Roma: Bulzoni, 1978). Cito a Domenichi y Giovio en la traducción de Ulloa (edición de Venecia, 1573, la empleada por Rico); esta cita, p. 111.

89) Domenichi, traducción de Ulloa, edición citada, p. 124.

90) Giovio, traducción de Ulloa, edición citada, p. 16.

91) Hernando del Pulgar, *Letras. Glosas a las "Coplas de Mingo Revulgo"*, ed. J. Domínguez Bordona, Clásicos castellanos, 99 (Madrid: Espasa-Calpe, 1954), p. 61, citado en Rico, artículo citado, p. 280.

92) Edición citada en la nota 79, p. 62.

93) Edición citada, p. 91, y en *Prison of Love* (véase la nota 33), pp. 93 y 105.

94) Juan de Valdés, *Diálogo de la lengua*, ed. José F. Montesinos, Clásicos castellanos, 86 (Madrid: Espasa-Calpe, 1953), p. 169.

95) *Cancionero general*, f. 135r; editado por Ian Macpherson en *The Manueline Succession: The Poetry of Don Juan Manuel II and Dom João Manuel*, Exeter Hispanic Texts, 24 (Exeter: University of Exeter, 1979), pp. 10-13. Conviene señalar que por fin (versos 69-70), el pobre Juan Manuel, más listo como político que como poeta, no puede menos de revelar el secreto: "las cinco letras primeras / el nombre de la sin par". Agréguense más ejemplos citados por Gracián, *Agudeza*, Discurso XXXIII, edición citada, II, pp. 53-62. En vísperas ya de la edición de este ensayo, el profesor Macpherson me llama la atención sobre otro ejemplo bastante mejor del mismo Juan Manuel, la invención impresa en el *Cancionero general* f. 142v, que reza: "Lo que haze causa veros / lo que dize conoceros". El epígrafe, seguramente no del poeta, nos explica que "Don Juan Manuel traýa en bordaduras unas sueltas y dixo". Aquí la palabra que conviene suplir será, por los verbos en singular ("haze", "dize"), más bien "suelta" que "sueltas". La "suelta" (*Autoridades*) o las "sueltas" (Covarrubias) eran lo que ahora decimos "maniota", de manera que ya se ve una paradoja en la palabra misma. La explicación etimológica que nos ofrece Covarrubias es *"a contrario sensu"* (que en seguida nos recuerda algunos de los absurdos de Isidoro de Sevilla); pero en realidad el caballo sí iba "suelto", ni encerrado en una cuadra ni atado a una argolla, si bien se echa de ver que Juan Manuel concebía la "suelta" como una traba. Lo que "haze" la suelta es privarle de la libertad, mientras lo que "dize" la palabra homófona (del verbo "soltar") es ponerle en libertad. Aquí yo no veo más que la repetición de tres lugares communes de la teoría del amor cortés, que Juan Manuel expresa en un "fablar escuro" violentando la sintaxis normal: primero, que el amador es un cautivo del amor (recuérdense el *Siervo libre de amor*, *Cárcel de Amor* etcétera: la maniota del caballo se semeja a los grillos del prisionero); segundo, que el amor, lo inspira la vista de la amada (recuérdese la discusión registrada por Andreas el Capellán sobre si es posible que se enamore un

ciego). Así pues, "veros" (el ver a la dama) "causa lo que haze": ha hecho que quede preso (enamorado). Y, tercero, conocerla —y no veo más remedio que leer la palabra en el eufemístico sentido bíblico— le soltaría, le pondría en libertad. Se puede objetar que se debería leer "lo que haze, lo causa veros", pero en los versos de cancionero no escasean semejantes violaciones de la gramática "normal". De todas maneras, es evidente, sin que importe cómo interpretamos los versos, que el juego de palabras homófonas, "suelta" (sustantivo) y "suelta" (verbo), se hace a base de una palabra expresada sólo en un dibujito bordado.

96) Véase Heinrich Lausberg, *Handbuch der literarischen Rhetorik: Eine Grundlegung der Literaturwissenschaft*, 2 tomos (Munich: Hüber, 1960), traducción española de José Pérez Riesco, *Manual de retórica literaria: Fundamentos de una ciencia de la literatura*, 3 tomos (Madrid: Gredos, 1966-68), párrafos 568-69.

97) *De oratore*, III, 42, 167.

98) *Cancionero general*, f. 122v.

99) Stephen Reckert, *Lyra Minima: Structure and Symbolism in Iberian Traditional Verse* (Londres: King's College, 1970), si bien anota que los limones simbolizan la muerte y el desamor, cita versos en que "limón" no parece cuadrar con esta interpretación y concluye refiriéndose al "fundamental plurivalence of symbolism itself" (p. 27). Conviene tener en cuenta no sólo las saludables propiedades medicinales del limón, que lo hacen equivalente a la paradójica píldora amarga que cura las dolencias, sino también el hecho de que los limones, por su forma, llegan a ser símbolos del seno femenino; véase José Luis Alonso Hernández, *El lenguaje de los maleantes* (citado en la nota 67), p. 31. En este caso no me convence la interpretación de Margaret O'Connell (véase la nota 54), que ve en el limón de Núñez un símbolo de los favores sexuales de la dama, a no ser que lo de los "favores sexuales" sea otro circunloquio: no es imposible que el poeta, de una manera velada y ambigua, le esté pidiendo a

la dama que le dé un pecho para besar, "saborear". (Debo esta sugerencia al doctor Ruiz Veintemilla.) Tampoco creo que la "rosa" de Núñez, que veremos en seguida, simbolice las partes pudendas, como en Shakespeare (véase Partridge, *Shakespeare's Bawdy*, s.v. *rose*).

100) Edición citada en la nota 79, p. 58.

101) Otra vez nos hallamos ante una extensa bibliografía, pero para este simbolismo primitivo se pueden consultar, entre otros, los trabajos de H. A. Kenyon, "Colour Symbolism in Early Spanish Ballads", *Romanic Review*, VI (1915), pp. 327-40; Dámaso Alonso, "La caza de amor es de altanería (Sobre los precedentes de una poesía de San Juan de la Cruz)", *Boletín de la Real Academia Española*, XXVI (1947), pp. 63-79, reimpreso en *De los siglos oscuros al de oro* (Madrid: Gredos, 1958), pp. 254-73; Marcelle Thiébaux, *The Stag of Love: The Chase in Medieval Literature* (Ithaca: Cornell University, 1974); Alan Deyermond, "Pero Meogo's Stags and Fountains: Symbol and Anecdote in the Traditional Lyric", *Romance Philology*, XXXIII (1979), pp. 265-83, y los estudios de Edith Randam Rogers, ahora reunidos en *The Perilous Hunt: Symbols in Hispanic and European Balladry* (Lexington: University of Kentucky, 1980).

102) Véase la nota 60 arriba.

103) *Cancionero general*, f. 125v.

104) Para la *annominatio* (o *adnominatio*) y la *traductio* (véase más abajo), el texto fundamental es, desde luego, *Rhetorica ad Herennium* (o *Rhetoricorum ad C. Herennium libri IV*), del que existen múltiples ediciones; pero véanse también Edmond Faral, *Les Arts poétiques du XIIe et du XIIIe siècles: Recherches et documents sur la technique littéraire du Moyen Âge* (París, 1924; reimpresión París: Champion, 1958), pp. 93-97, 231, 322-23, 351 y 353; mi "Diego de San Pedro's Stylistic Reform", *Bulletin of Hispanic Studies*, XXXVII (1960), pp. 1-15, especialmente pp. 4-5; Lausberg (citado en la nota 96), párrafos 637-39, 647 y 658-59; Leonid Arbusov, *Colores rhetorici: Eine Auswahl rhetorischer*

Figuren und Gemeinplätze als Hilfsmittel für Übungen an mittel-
alterlichen Texten (Gotinga, 1948), segunda edición, corregida y
ampliada por Helmut Peter (Gotinga: Vandenhoeck und Ruprecht,
1963), pp. 18-19, 36-37, 41-43, 54, 58 y 76.

105) Véanse los trabajos citados en la nota anterior.

106) *Cancionero general*, f. 124r; la puntuación es mía.

107) *Antología*, edición citada, III, p. 211.

108) Obra citada en la nota 72, II, p. 21.

109) Este mote consta con variantes tales como "Sin vos, sin
Dios y sin mí", "Sin vos y sin Dios y mí". Su fortuna la estudia
José María de Cossío, "El mote 'Sin mí, sin vos y sin Dios'
glosado por Lope de Vega", *Revista de Filología Española*, XX
(1933), pp. 397-400; véase también Juan Alfonso Carrizo, *Ante-
cedentes hispano-medievales de la poesía tradicional argentina*
(Buenos Aires: Estudios Hispánicos, 1945), pp. 283-87.

110) Véase Eleanor S. O'Kane, *Refranes y frases proverbiales
españolas de la Edad Media*, Anejos del BRAE, 2 (Madrid: Real
Academia Española, 1959), s.v. "mucho".

111) *Cancionero general*, f. 143v; Cartagena prosigue glosando
los dos motes.

112) *Cancionero general*, f. 144r.

113) *Obras completas*, III: *Poesías*, edición citada, p. 116.

114) *Antología temática*, p. 55; véase también E. Michael Gerli,
"Leriano's Libation: Notes on the *Cancionero* Lyric, *Ars moriendi*,
and the Probable Debt to Boccaccio", *Modern Language Notes*, XCVI
(1981), pp. 414-20, especialmente p. 415.

115) Luis de Góngora y Argote, *Letrillas*, ed. Robert Jammes
(París: Ediciones Hispano-Americanas, 1963), p. 406; reimpresa en
Poesías eróticas, pp. 175-77.

116) *Letrillas*, edición citada, p. 129.

117) *Libro de buen amor*, 386; Otis H. Green, "On Juan Ruiz's
Parody of the Canonical Hours", *Hispanic Review*, XXVI (1958), pp.
12-34. Nótese también que en el inglés de Shakespeare, *glass*,
"vaso" (o "cristal") y *vessel*, "vaso", "vasija", tienen el

sentido de "virginidad", "himen", "partes pudendas femeninas" (véase Partridge).

118) *Cancionero general*, f. 145v.

119) Véase *Glossarium eroticum*, s.v. *locus*, y también s.v. *vivere* ("ludere, amare, Venerisque tenere bigas"). Para "lugar" véanse J.-P. Lecertua (citado en la nota 70), Partridge, s.v. *forfended place*, y Norman Ault, *New Light on Pope, with Some Additions to his Poetry Hitherto Unknown* (Londres: Methuen, 1949), pp. 225-31; este último caso es curioso: en 1726 un grupo de amigos del deán Swift, principalmente Alexander Pope y John Gay, pusieron en verso una receta culinaria para mandársela a Dublín; plagado de alusiones oscuras, el ms. del poema lleva varias anotaciones, entre ellas la de "Vulg. Salary" (o sea, *celery*, "apio") para explicar el ingrediente descrito como "what's join'd to a place". Le debo este informe a la doctora Norma Perry.

120) *Cancionero general*, f. 145v. Nótese que el comentario que sigue en el texto cae por su base si "herida" se puede leer en un sentido obsceno. El verbo "herir" es otra metáfora de la penetración sexual (véase el "vocabulario" de *Poesías eróticas*), pero, que yo sepa, no consta "herida" en parecida acepción. Además, si el poeta hubiese logrado su propósito ¿por qué se quejaría de que "no hay lugar"? Si "herida" significase lo mismo que "hendedura", o sea, "coño" (véase la primera estrofa del "Pleito del manto", impreso en el *Cancionero general* de 1514 y luego en el *Cancionero de obras de burlas provocantes a risa* (Valencia: Viñao, 1519)), tendríamos que volver a pensar en el sostenido doble sentido de toda la canción; pero por ahora falta testimonio contemporáneo que respalde esta interpretación.

121) Alexandro Sylvano, *Quarenta aenigmas en lengua espannola* (París: Giles Beys, 1581).

122) Véase Michele de Filippis, *The Literary Riddle in Italy to the End of the Sixteenth Century*, University of California Publications in Modern Philology, 34 (Berkeley y Los Angeles:

University of California, 1948).

123) Giovanni Bargagli, *Dialogo de' giuochi che nelle vegghie sanesi si usano di fare* (Venecia: A. Bertano, 1575), p. 35.

124) Angiolo di Giovanni Cenni ("il Risoluto"), *Sonetti del Risoluto di Rozzi*; la primera edición apareció en 1538, pero el prefacio, del que proviene la cita, no consta antes de 1547. Véase M. de Filippis, citado en la nota 122.

125) La primera edición del *Cancionero* es de Sevilla: Tarasco, 1874; he utilizado *El Cancionero de Sebastián de Horozco*, ed J. Weiner (Berna y Francfort: Herbert Lang, 1975). Véase también Archer Taylor, *The Literary Riddle before 1600* (Berkeley y Los Angeles: University of California, 1948), pp. 102-105.

126) Cicerón, *De oratore*, 3, 42, 167: "est hoc [allegoria] magnum ornamentum orationis, in quo obscuritas fugienda est; et enim hoc genere fiunt ea, quae dicuntur aenigmata"; Quintiliano, *Institutio oratoria*, 8, 6, 52: "allegoria, quae est obscurior, aenigma dicitur".

127) He empleado la edición de W. S. Mackie, *The Exeter Book, Part II*, Early English Texts Society, 114 (Londres: E.E.T.S., 1934). Las que cito son las numeradas 44 y 25.

128) *Agudeza*, edición citada, I, p. 240.

129) Véanse los trabajos de M. de Filippis y de Archer Taylor citados en las notas 122 y 125.

130) Véanse I *"Motti" inediti e sconosciuti di Pietro Bembo*, ed. V. Cian (Venecia: Merlo, 1888), y *The Works of Sir John Suckling: The Non-Dramatic Works*, ed. Thomas Clayton (Oxford: Clarendon, 1971), texto en la p. 19 y el comentario en las 229-30. Ben Jonson, *The Alchemist*, V, 3, alude al fenómeno de las "poesies of the candle".

131) Ms. 3884 de la Biblioteca Nacional, ff. 135r-37v. Son 70 acertijos, de los que 20 salen impresos en *Poesías eróticas*, pp. 298-303, éste en la p. 299.

132) Estudiadas por Doris Clark, "Tarsiana's Riddles in the *Libro de Apolonio*", en *Medieval Hispanic Studies Presented to*

Rita Hamilton, ed. A. D. Deyermond (Londres: Tamesis, 1976), pp. 31-43; pero nótese que Apolonio reacciona ante la adivinanza del baño: "Fablar en tan vil cosa ssemeia bauequia" (estrofa 512).

133) *Cancionero general*, f. 156r.

134) Francisco Asenjo Barbieri, *Cancionero musical español de los siglos XV y XVI* (Madrid: Academia de Bellas Artes, 1890), número 412: "perdónenme los críticos escrupulosos", etcétera; la reimpresión (Buenos Aires: Schapire, 1945) suprime dos de los valiosos índices.   Esta poesía también consta en *Poesías eróticas*, pp. 111-13.

135) A. J. Foreman, "The *Cancionero* Poet, Quirós", M.A. in Romance Languages and Literatures, Universidad de Londres, 1969. El poema de Quirós está en el *Cancionero general*, ff. 206v-07v.

136) Para "el gordo" véanse la nota 51 y el *Cancionero de obras de burlas provocantes a risa* (Valancia: Viñao, 1519), f. 31: en la "Visión deleitable" se lee "llevaban a Matihuelo / en un carro triunfal, / él tan gordo, largo y tal / que arrastraba por el suelo".   Matihuelo (o Martigüelo) es un símbolo fálico, personificación del miembro viril: véase *Poesías eróticas*, p. 275.

137) Véase Lausberg, párrafo 897.

138) Véanse el "vocabulario" de *Poesías eróticas*, s.v. "puerta"; *Glossarium eroticum*, s.v. *porta*, y Lecertua, artículo citado en la nota 70.

139) Para "las entrañas" véase el comentario de Alan Deyermond en "The Worm" sobre la canción de Florencia Pinar, "El amor ha tales mañas", *Cancionero general*, f. 165v.

140) La frase proviene de los editores de *Poesías eróticas*, p. 303.

141) M. Giovanfrancesco Straparola, *Le piacevoli notti*, ed. G. Rua, 2 tomos (Boloña: Romagnoli-Dall'Acqua, 1899 y 1908).   La obra original salió en dos partes, en 1550 y 1553; para más detalles véase M. de Filippis, obra citada, p. 40.

142) En un seminario que dirigió en la Universidad de Exeter en mayo de 1979; espero que no encuentre indiscreta la cita, pues a

mí el adjetivo me parece acertadísimo.

143) Francisco López Estrada, "Características generales de la Edad Media literaria", en *La Edad Media*, tomo I de *Historia de la literatura española*, ed. José M. Díez Borque (Madrid: Taurus, 1980), pp. 51-96, afirma (p. 71): "Si originalmente la lírica fue una obra destinada al canto, luego fue dejando esta condición aun en el caso de tipos métricos considerados como *canciones* o llamados así". Aunque estoy convencido de que tiene razón, no es fácil demostrarlo concluyentemente. En su "Prohemio e carta" el Marqués de Santillana dijo: "¿E quién dubda que así commo las verdes fojas en el tienpo de la primavera guarnescen e aconpañan los desnudos árboles, las dulces bozes e fermosos sones no apuesten e aconpañen todo rimo, todo metro, todo verso, sea de qualquier arte, peso e medida?", en *Poesías completas, II: Poemas morales, políticos y religiosos. El proemio e carta*, ed. Manuel Durán (Madrid: Castalia, 1980), p. 216. Pero si se echa un vistazo a los versos de los cancioneros musicales, tales como el *Cancionero musical de Palacio* (véase la nota 57), el *Cancionero musical de la Colombina (Siglo XV)*, ed. Miguel Querol Gavalda (Barcelona: C.S.I.C., 1971), el *Cancionero de la Catedral de Segovia*, ed. Joaquín González Cuenca (Ciudad Real: Museo de Ciudad Real, 1980) o bien a Juan del Encina, *Poesía lírica y cancionero musical*, ed. R. O. Jones y Carolyn R. Lee (Madrid: Castalia, 1975) se nota en seguida —a mi ver— cierta diferencia de textura; allí faltan poesías tan difíciles como las que hemos estado comentando e intentando descifrar, y aunque es seguro que no ha sobrevivido toda la música de la época, constan miles de poemas sin arreglo musical.

144) Véase Edward M. Wilson, *"Coplas contradictorias*: The Perils of Double-Edged Verses", *Hispanic Review*, XXXVII (1969), pp. 228-37.

145) *Sermón*, edición citada, p. 178: "¿Qué más beneficio quieres que querer lo que ella quiere?"

146) *Agudeza*, edición citada, I, pp. 253-54. La canción de San

Pedro consta en el *Cancionero general*, f. 123r; en *Poesías*, edición citada, p. 256.

147) *Agudeza*, edición citada, I, pp. 236-46.

148) Véase la nota 50 arriba.

149) Véase, además de los trabajos citados en la nota 10, su "*El convento de dolencias*: The Works of Teresa de Cartagena", *Journal of Hispanic Philology*, I (1976-77), pp. 19-30.

150) Véase el libro citado en la nota 95.

151) Guevara, "Las aves andan volando", *Cancionero general*, f. 104r; Escrivá, "El aguja del cuadrante", en el *Cancionero general* de 1514: véase Antonio Rodríguez-Moñino, *Suplemento al Cancionero general de Hernando del Castillo (Valencia, 1511), que contiene todas las poesías que no figuran en la primera edición y fueron añadidas desde 1514 hasta 1557* (Madrid: Castalia, 1959), número 160. También se puede leer en Aguirre, *Antología temática*, p. 95.

152) *Antología temática*, p. 13 (subraya él).

153) *Libro de buen amor*, 1617.

154) Edición citada en la nota 48, pp. XXII y XXIII: "su docta petulancia", "frases puerilmente ingeniosas".

155) *Prison of Love*, citado en la nota 33, pp. XI-XV.

156) Véase *Spain and the Western Tradition: The Castilian Mind in Literature from "El Cid" to Calderón*, 4 tomos (Madison: University of Wisconsin, 1963-66), I, pp. 79-80.

157) Véase mi introducción a *Cárcel de Amor*, edición citada, pp. 31-32.

158) *Cancionero general*, f. 128v.

159) *Cancionero general*, f. 115r; en *Poesías*, edición citada, p. 252.

160) *Apollonius of Tyre: Two Fifteenth-Century Prose Romances, "Hystoria de Apolonio" and "Confisyón del amante: Apolonyo de Tyro"*, ed. A. D. Deyermond, Exeter Hispanic Texts, 6 (Exeter: University of Exeter, 1973), p. 86. Desde luego, la fórmula se repite en infinitas historias anteriores y posteriores a ésta.